Der stete Sieg des Bösen

Mit meinen drei, noch minderjährigen Söhnen, lebe ich unter meinem richtigen Namen in einem kleinen Ort in Süddeutschland, mein Ältester lebt und studiert in Nordrhein-Westfalen.
Die Tatsache, unter einem Pseudonym schreiben zu müssen, zeigt wieder einmal mehr auf, dass vieles in unserem Staate nicht rechtens ist, denn würde ich all die beweisbaren Wahrheiten erkennbar und beim Namen genannt zu Papier bringen, wäre ich eine Straftäterin.

Mein Leben wird seit Jahren, außer von der Liebe zu meinen Kindern, von ausschließlich drei Dingen geprägt:
Dem täglichen Kampf um die nötige Kraft für meine Familie und meinen Beruf, dem täglichen Kampf um unsere Existenz, den ständigen Anstrengungen, meine Traumatisierung zu beherrschen.
So habe ich gelernt, auch die kleinsten positiven Ereignisse als Quellen von Energie und Zuversicht zu sehen.

Nachstehendes niederzuschreiben ließ mich nochmals das Grauen durchleben, was massive gesundheitliche Probleme mit sich brachte.
Dennoch, ich habe nicht nachgelassen und widme dieses Buch meinen wunderbaren Kindern.

Eine Sache ist nicht gerecht, weil sie ein Gesetz ist, sondern sie soll ein Gesetz sein, weil sie gerecht ist.

Charles de Montesquieu, 1689 – 1755,
frz. Schriftsteller und Staatstheoretiker

Inga West

Der stete Sieg des Bösen

Entscheidungen
im
Sozial -und Rechtsstaat Bundesrepublik Deutschland

Ein autobiographisches Sachbuch

Bibliografische Information der Deutschen Nationalbibliothek
Die Deutsche Nationalbibliothek verzeichnet diese Publikation in der
Deutschen Nationalbibliografie; detaillierte bibliografische Daten sind
im Internet über http://dnb.d-nb.de abrufbar.

Satz, Umschlagdesign, Herstellung und Verlag:
Books on Demand GmbH, Norderstedt
ISBN 978-3-8334-8430-8

Inhalt

Vorwort

Es handelt sich um Ereignisse, die ich so wahrhaftig erlebt habe, alles kann durch Schriftstücke und/oder Zeugen dokumentiert werden.

Spreche ich von Wahrhaftigkeit, so gehört dazu ebenso mein Eingeständnis, dass es mehrfach Situationen gab, die mich die Tötung meiner Kinder und meinen Freitod planen ließen.

Zur Ausübung von Selbstjustiz kam es nur meiner Kinder wegen nicht.

Ebenso muss ich eingestehen, dass es genügend Momente gab, in welchen ich das Leid, die Verzweiflung, die Not und meine Hilflosigkeit vor meinen Söhnen nicht verbergen konnte.

Von ihnen getröstet zu werden, kleine Kerle, die mir zu jeder Zeit ihre Liebe und Loyalität offenbarten, dies ließ einen grenzenlosen Zorn in mir wachsen, Zorn gegen ein System, welches so oft das Böse bedient.

Dass es nicht zu einer Katastrophe kam, verdanke ich größtenteils gerade meinen vier Söhnen, meiner Familie, wunderbaren Freunden, meinem späteren Arbeitgeber, meinem späteren Vermieter und einem, wohl doch gesunden Überlebenswillen.

Einleitung

Was veranlasst mich, Nachstehendes zu Papier zu bringen?

Es ist die Tatsache, dass viele verzweifelte, aber auch wütende Menschen in unserem Staat hilflos einer durchaus brutalen, fast immer perfekt funktionierenden Maschinerie gegenüberstehen.

Ein geradezu grandioses Beispiel für diese »Theorie« stellen die beiden, jüngst gefallenen, gerichtlichen Entscheidungen dar, welche in ihrer bodenlosen Frechheit den Zustand unseres Staates in aller Deutlichkeit widerspiegeln; mittlerweile schrecken auch Gerichte nicht mehr davor zurück, das Unrecht zu proklamieren:

- das Management der Deutschen Bank, Ackermann und Konsorten kann sich aus der Portokasse von jeglicher Strafverfolgung und den daraus resultierenden Konsequenzen freikaufen, nahezu zeitgleich

- stellt das Bundessozialgericht in Kassel fest, dass 345 Euro im Monat die Lebensbedürfnisse eines Menschen decken, d.h., das Gericht reduziert das, was man hinlänglich unter »Leben« versteht, auf die reine Möglichkeit der Nahrungsaufnahme. Alles andere, z.B. eine warme Wohnung oder ein neuer Kühlschrank gerät zum finanziellen Balanceakt, eine Familiendauerkarte für das Stadtbad wird unbezahlbarer Luxus.

Wie war das noch? »Fit statt fett!« oder »Kinder sind Zukunft!« – jüngst staatliche Aktionen! Ich glaube nicht, dass Millionen verzweifelter Menschen auch noch den Spott und die Häme der Herrschenden brauchen!

Eine gute Ausbildung und die Förderung von Kindern, ihr Mangel in diesem Staat bitter beklagt, ist praktisch unmöglich. Dies stellt unbeschreibliches Leid für Millionen Kinder und Jugendlicher dar, bei gleichzeitig täglicher Vergewaltigung durch Konsumterror und aggressive Werbung.

Parallel dazu sorgt ein teilweise unerträgliches Unterhaltsrecht, bzw. die Nichtanwendung bestehender, gesetzlicher Möglichkeiten durch die Gerichte zielgerichtet dafür, dass Alleinerziehende mit ihren Kindern in die Armut trudeln.

Es herrscht die vielfältig verbreitete Meinung: »… aber bei uns geht es ja noch gut zu…«, falsch, in unserem Staat geschieht genauso viel Unrecht wie in anderen Staaten, die von der Weltöffentlichkeit, darunter auch von der Bundesrepublik Deutschland, an den Pranger gestellt werden.

Nur, der Deckel auf dem Topf unseres Staates ist wesentlich besser verankert, vieles »gibt es einfach nicht« in diesem Sozial –und Rechtsstaat.

Betroffene und Opfer haben keine Lobby, da sie offiziell nicht existieren.

Antiquierte Gesetze oder viele Gesetze, geschaffen jenseits jeglicher Realität, vom Gesetzgeber und der Justiz liebevoll auf kleiner Flamme zum allzeitigen Verzehr warm gehalten, verhindern die Gerechtigkeit zum Wohle der Privilegierten oder aber man ist schlichtweg zu faul, tatsächliches Recht zu sprechen. Das ist oftmals mit Mut, Aufrichtigkeit und Engagement verbunden, Eigenschaften, wie sie in Politik und Justiz wohl kaum zu finden sind, vom Volke aber stets erwartet werden.

Deshalb nahm ich den Stift zur Hand, möchte, um im Juristen-Jargon zu sprechen »Beweis antreten« für voran stehende Behauptungen.

November 2006 – Juni 2007
Inga West

Der Tanz beginnt

Im November 1988 trenne ich mich von meinem ersten Ehemann, mein Sohn Justus ist sieben Jahre alt. Da mein Mann und ich sämtliche Angelegenheiten außergerichtlich vereinbaren, beschränkt sich das gerichtliche Scheidungsverfahren auf wenige, kurze Formalitäten.

Um meinem Sohn ein höchstes Maß an Kontinuität zu bewahren, sorge ich dafür, dass er trotz Ortswechsel an seiner alten Grundschule verbleiben darf, den Kontakt zum Vater und den Großeltern gestaltet Justus nach seinen eigenen Wünschen und Vorstellungen, unterstützt durch mich.

Persönlich leide ich sehr unter der Trennung, die ich vollziehen musste. Meinen ausgeprägten Wunsch nach intakter Familie und mindestens vier Kindern begrabe ich, denn die biologische Uhr tickt unaufhaltsam.

Zeitgleich mit dieser Trennung lerne ich meinen zweiten Ehemann H. kennen, er ist alleiniger Gesellschafter und Geschäftsführer einer GmbH, die er kurz zuvor gegründet hatte.

Etwas jünger als ich und ebenfalls in Scheidung lebend, erlebe ich ihn in der nächsten Zeit als einen ehrgeizigen und zielstrebigen jungen Mann, der eigentlich nur noch den Wunsch nach Familie und Kindern auf seiner Liste stehen hat.

Ich kann einerseits mein Glück, einen gleich gesinnten Partner gefunden zu haben, nicht begreifen und unterdrücke andererseits zugleich meine langsam immer stär-

H. Energie und Umwelt

sind aktuelle Themen, über die tagtäglich gesprochen wird. Mr. Al Gore, sehr früh auch unsere Grünen, die Weltklimakonferenz und viele andere haben die Gefahr von hausgemachten Klimaveränderungen deutlich gemacht.

Wir möchten unsere Lebensqualität erhalten. Dazu brauchen wir sehr viel Energie. Das macht uns abhängig von den Energieträgern, die zum großen Teil aus anderen Ländern kommen. Wir kämen in eine schwierige Lage, wenn z.B. die einen das Gas oder andere das Öl abstellen würden. Oder wenn Pipelines gesprengt werden oder durch Anschläge Tanker nicht mehr fahren können. Ganz abgesehen davon, dass die fossilen Vorräte früher oder später erschöpft sein werden.

Wenn das zweite Atomkraftwerk explodiert ist und eine Großstadt stirbt, spätestens dann wird auf Atomstrom verzichtet werden. Was passieren kann, passiert irgendwann.

Die Kohle, auch das Öl, verbrennen Sauerstoff. Das dabei entstehende Kohlendioxyd (CO_2) führt auf Umwegen zum Wärmestau und damit zur Erderwärmung. Der befürchtete Anstieg des Meeresspiegels durch Abtauen der Gletscher wird von Beobachtern an der Küste bereits bestätigt.

Gottlob ist der Sauerstoffgehalt der Luft bisher wundersamerweise nicht abgesunken. Trotz Schädigung der Sauerstoffproduzenten durch Abholzung der Wälder und Verschmutzung der Meere. Beginnt dieser Prozess erst einmal, könnten wir alle ersticken.

Seriöse Meinungsbildner, wie z.B. die Zeitschrift »Cicero« vom Juni 2007, stellen den Klimawandel als normalen und nicht emissionsbedingten Vorgang dar, indem sie auf die Erdgeschichte mit Eiszeiten und Wärmeperioden verweisen.

ker werdenden Zweifel an diesem Mann und das leise Grauen bzgl. seiner Person.

Für alle Ungereimtheiten finde ich eine plausible Erklärung, doch als ich seine Eltern, millionenschwer und eiskalt, kennen lerne, lasse ich die immer heftiger werdenden Zweifel zu.

An einem Abend im September 1989 kommt es in meiner Wohnung zu einer heftigen Auseinandersetzung zwischen H. und mir, die ich mit seinem Hinauswurf beende, zu unerträglich waren sein Gebaren und seine Ansichten.

Noch am gleichen Abend lasse ich, unendlich erleichtert und stolz auf mich selbst, einen Champagnerkorken knallen, mein Sohn kuschelt sich wortlos zu mir auf die Couch, er lächelt.

Der nächste Morgen beginnt gelöst, ich beglückwünsche mich erneut zu meiner Entscheidung, aber mir ist übel und meine Brust schmerzt.

Diese Symptome sind mir nicht ganz unbekannt, ein schneller Test aus der Apotheke bringt Gewissheit, ich bin schwanger!

Das nun herrschende Gefühlschaos ist kaum zu beschreiben, einerseits überglücklich, wieder ein Kind zu bekommen, ein Abbruch der Schwangerschaft stellt für mich zu keinem Zeitpunkt ein Thema dar, habe ich andererseits Panik. Wie soll ich mit demnächst zwei Kindern das Leben und unsere Existenz meistern? Auch die Vorstellung, keinen Vater für die Kinder zu haben, erscheint mir unerträglich.

Als gläubige Christin sehe ich letztendlich in dieser Schwangerschaft ein Zeichen des Himmels, mit diesem Mann eine Verbindung einzugehen und meine offensichtlich unerträglich hohen Ansprüche an einen Partner herunterzuschrauben.

Noch am gleichen Tage »krieche ich zu Kreuze«, entschuldige mich für mein Verhalten am Vorabend und teile H. mit, dass er Vater wird.

Mit ruhiger Miene und gönnerhaft werde ich von H. aufgenommen, seine Familie zieht gleich.

Damit habe ich mich endgültig in die Hände von Verbrechern gegeben, ich weiß es nur noch nicht!

Heirat im Frühjahr 1990, im Sommer wird mein zweiter Sohn Max geboren.

Das Glück, zweifache Mutter zu sein, erstickt viele Missempfindungen und Entbehrungen. Immer wieder betäube ich meinen Schmerz über die menschlichen Defizite meines Mannes mit selbst gestrickten Erklärungen.

Mit der Geburt beende ich meine Tätigkeit als Bürohilfe in der GmbH meines Mannes, bin Hausfrau und Mutter.

Als die GmbH im Sommer 1992 in eine finanzielle Schieflage gerät, benötigt mein Mann neue Bankenkredite. Hierzu fordert eines der involvierten Geldinstitute u.a. von mir eine Bürgschaft über DM 50.000.-

Völlig unerfahren in betrieblichen und geschäftlichen Angelegenheiten weiß ich doch soviel, als mittellose Hausfrau und Mutter kann ich nicht bürgen.

Ich widersetze mich diesem Ansinnen der Bank über mehrere Wochen, mein Mann unterstützt mich bei dieser Gegenwehr, gibt mir aber auch zu verstehen, dass er sich einer letztendlichen Bürgschaft meinerseits nicht in den Weg stellen wird.

Im August kündigt ein Mitarbeiter des betreffenden Geldinstitutes seinen Besuch in den Geschäftsräumen der GmbH an, er möchte mit mir persönlich sprechen. Zu diesem Zeitpunkt bin ich bereits hochschwanger mit meinen Zwillingssöhnen Christian und David, habe gerade einen 10-tägigen Krankenhausaufenthalt wegen Schwangerschaftskomplikationen überstanden.

Diese Schwangerschaft war zunächst ein Schock für mich, denn sie war nicht geplant, zu unglücklich war ich in meiner Ehe. Doch als sich Zwillinge ankündigten, überwogen Stolz und Freude! Geburt der Zwillinge im Herbst 1992.

Nun, erneut widersetze ich mich der Bürgschaftsabgabe, obwohl ich weiß, dass dies den Verlust unserer Existenz bedeuten würde, ebenso kann ich in keinster Weise nachvollziehen, dass ein Geldinstitut ein mittellose, hochschwangere Hausfrau und Mutter in Geldgeschäfte einbeziehen möchte. Dies teile ich so in der persönlichen Unterredung dem Sachbearbeiter mit.

Doch nun werde ich seitens des Bankenvertreters dahingehend belehrt, dass eine Bürgschaft meinerseits lediglich dem Zwecke dienen soll, eine Verschiebung von Vermögen meines Mannes auf mich zu verhindern, in keinem Falle gehe es um Geldleistungen, wörtlich: »Wir wissen, dass Sie nicht zahlen könnten...«.

Da mein Mann und ich bei Eheschließung die Gütertrennung vereinbart hatten, natürlich auf Begehren des H., kann ich das Verhalten der Bank in gewisser Weise nachvollziehen und weil eine unlautere Vermögensverschiebung nicht zur Debatte steht, unterschreibe ich den Vertrag, mit dieser Begründung habe ich keine Probleme.

Im August des Jahres 1993 geht die GmbH dennoch in Konkurs.

Ein gewisser Größenwahn meines Mannes führte zu einer Überschuldung des Unternehmens, rechtzeitige Ratschläge und Warnungen meiner Person, soweit ich die Lage beurteilen konnte, wurden von H. in den Wind geschossen.

Es folgt eine entsetzliche Zeit der Not, Justus plündert zwei Tage vor dem Weihnachtsfest sein Sparkonto, damit ich Windeln, Babynahrung und ein paar kleine Weihnachtspräsente kaufen kann.

In diese Zeit eingebunden findet sich die Aufforderung der betreffenden Bank an mich, die Bürgschaftssumme von DM 50.000.- zu leisten.

Nicht nur leistungsunfähig, auch fassungslos über soviel Frechheit, widersetze ich mich nun einer Rückzahlung und werde prompt von der Bank vor das zuständige Landgericht zitiert.

Dort glaubt man den Ausführungen und Lügen der

Bank, der von mir als Zeuge benannte Kreditsachbearbeiter wird vor Gericht nicht angehört.

Zur Zahlung der Bürgschaftssumme verurteilt, lege ich Berufung zum Oberlandesgericht ein.

Hier bitte ich noch einmal dringend um die Zeugeneinvernahme des damaligen Kreditsachbearbeiters, dessen Vereidigung dringend geboten wäre.

Am 15. Februar 1995 bestätigt das Oberlandesgericht das Urteil des Landgerichts, Revision ist nicht möglich.

Hier nun einige Auszüge aus der Urteilsbegründung, ich überlasse es dem Leser, sich eine eigene Meinung zu bilden, nur soviel, die Problematik bzgl. extremer Belastung durch Zins und Zinseszins über Jahre war dem erkennenden Senat mit Sicherheit bekannt, die gerichtliche Entscheidung, eine Schlüsselfigur nicht anzuhören, bricht geltendes Recht:

»… Sie ist ausgebildete Arzthelferin. Daher lag die Annahme nahe, dass es ihr auch nach längerer Vakanz möglich sein wird, diesen Beruf zu reaktivieren. Auch verfügte sie über Erfahrung als Bürogehilfin, so dass zumindest die Tätigkeit als Aushilfskraft in diesem Bereich in Betracht kam. Insgesamt bestand somit(…) die Aussicht, die Bürgschaft aus eigenen Mitteln noch zu Lebzeiten abzulösen.«
Weiterhin stellt das erkennende Gericht fest:
»Mit Schriftsatz vom 09.02.1995, eingegangen am 10.02.1995, behauptet die Beklagte im Berufungsrechtzug erstmalig, dass der Kreditsachbearbeiter erklärt habe, bei

der einzugehenden Bürgschaft der Beklagten handle es sich um eine reine Formsache; der Klägerin sei auch bekannt gewesen, dass die Beklagte die Verpflichtung aus eigenen Mitteln niemals werde zahlen können.

Diese Behauptung, die bereits erstinstanzlich aufgestellt wurde, hat die Klägerin entschieden bestritten. Soweit die Beklagte nunmehr erstmals im Schriftsatz vom 09.02.1995 hierfür nun Zeugenbeweis bietet, ist dieser Beweisantrag gem. §§ 527, 291 Abs. 1 ZPO als verspätet zurückzuweisen. Die Vernehmung des Zeugen würde zu einer Verzögerung des Rechtsstreites führen. Dabei ist zu beachten, dass eine Ladung des Zeugen zum Senatstermin vom 15.02.1995 nur im Wege von Eilmaßnahmen möglich wäre.

Dies ist für den Senat aber unzumutbar.«

Mein letzter Briefwechsel mit dem betreffenden Geldinstitut datiert aus dem Sommer 2006.

Zwischenspiel

Der Niedergang seiner GmbH verleiht H. ungeahnte Kräfte.

Während er fast alle Welt glauben machen kann, dass Banken und andere böse Mächte den Konkurs seiner Firma verursacht hätten (ich war bis November 1993 verzweifelt und wider besseres Wissen sein treuester Fan), entzieht er in raffinierter Art und Weise alle wertvollen und somit verwertbaren Güter der GmbH dem Zugriff seiner Gläubiger und bringt sie in den Besitz seiner vermögenden Eltern.

Parallel dazu beginnt das formelle Konkursverfahren gegen ihn, Abgabe der Eidesstattlichen Versicherung, etc.

Unsere wirtschaftliche Situation ist nahezu hoffnungslos.

Da H. in seinem erlernten Beruf ein anerkannt hervorragender Spezialist war und ist, flehe ich ihn an, seine guten geschäftlichen Kontakte zu nutzen und sich um eine Anstellung als leitender Angestellter zu bewerben, ich bitte ihn, an die Existenz und die Zukunft seiner Söhne zu denken.

Mit den Worten: »Ich werde nie mehr ein angestelltes Arschloch sein…« verlangt er im November 1993 von mir die Gründung einer einzelkaufmännischen Firma unter meinem Namen.

Meine Bauchschmerzen bzgl. seiner Person werden unerträglich.

Ich lehne seine Forderung ab, suche hilflos nach einem Ausweg für meine Kinder und mich, denn spätestens jetzt ist klar, ich bin mit einem Verbrecher verheiratet!

Dennoch widersetze ich mich ihm, begleite ihn zunächst nicht auf seinen üblen Wegen einer neuen betrügerischen Existenzgründung.

So wird er deutlicher, ein heftiger Faustschlag vor die Stirn, der mich zu Boden schickt und scharfe Worte schaffen Klarheit:

»Entweder, du ziehst mit oder du kannst zusehen, wovon du mit den Kindern in Zukunft lebst!«

Als ich ihn auf seine Unterhaltsverpflichtung verweise, ernte ich nur kalten Spott: »Gesetze wurde geschaffen, damit man sie umgeht!«

Diese Worte muss ich absolut ernstnehmen, hatte ich doch mittlerweile einschlägige Kenntnis seiner zweifelhaften Energien. Detailliert erklärt er mir seine Vorgehensweise im Falle meiner Verweigerung, er wird als offiziell Arbeitsloser über genügend Schwarzgeld für sich persönlich verfügen, dies mit Hilfe seiner Eltern. Das Leben im Plattenbau für meine Kinder und mich, abhängig von Sozialhilfe, ist somit vorprogrammiert.

Seinen Weg zu einer neuen Firma begleiten mehrfache Zusammenbrüche von mir, mein Sohn Justus wird dadurch schwer belastet.

Um eben nicht mit meinen Kindern im Plattenbau zu enden, hoffend auf eine innere Einkehr meines Mannes, gründe ich die verlangte, einzelkaufmännische Firma auf dem Papier, H. schafft es binnen Jahresfrist, einen gutgehenden Betrieb ins Leben zu rufen.

Persönlich habe ich die Trennung von diesem Mann vollzogen, einzig und allein der Kinder wegen erhalte ich im Innen –und Außenverhältnis die Ehe aufrecht, eine Sache, die meine psychischen Kräfte bis auf das Äußerste beansprucht.

Allein die Tatsache, diesen Mann in meinem Bett zu haben, ist fast nicht zu ertragen, aber nur so kann ich seinem Zorn und seiner Brutalität halbwegs entkommen.

Wirtschaftlich geht es uns gut, ein halbes Jahr nach Gründung »meiner Firma« beziehen wir ein gepachtetes Industriegelände nebst herrlichem Wohnhaus und großem Garten. Meine Kinder wachsen glücklich und friedlich heran, denn es gelingt mir tatsächlich, das persönliche Leid zu verbergen.

H. lebt das Leben eines erfolgreichen Geschäftsmannes, die abgegebene Eidesstattliche Versicherung und deren Konsequenzen tangieren ihn nicht wirklich. Wenn nötig, leiste ich weiterhin Unterschriften, ansonsten bin ich Hausfrau, Mutter und Laufbursche der Firma.

Bei der Betreuung der Kinder unterstützt mich eine liebevolle Kinderfrau.

Die finanzielle Situation erlaubt mir den Beginn einer ratenweisen Rückzahlung meiner Bürgschaftverpflichtung.

Aus einem Bauchgefühl heraus bitte ich meinen Mann mehrmals, die einzelkaufmännische Firma in eine GmbH, mit ihm als Geschäftsführer, umzuwandeln, erfolglos. Somit bleibe ich weiterhin in der Firmenverantwortung.

Ich bitte ihn, wenigstens die Konten in privat und geschäftlich zu trennen, vergeblich. Somit kann er weiterhin mit Firmengeldern jonglieren und das kaum nachvollziehbar.

Betrachtet man diese, seine Entscheidungen im Nachhinein und aus seiner Sicht der Dinge, war es das Klügste, was er tun konnte.

Im Jahre 1995 beginnt er mit absolut kriminellen Praktiken, in welche er mich frech und unverhohlen einweiht. Jeder Versuch, ihn davon abzubringen, schürt nur neue Energien.

Als er dann auch aktive Mitarbeit meinerseits verlangt, verweigere ich mich. Dies hat massive Aggressionen zur Folge, wieder kommt seine Faust zum Einsatz, doch ohne Erfolg für ihn.

Der Gedanke an Trennung wird immer intensiver, aber ich drehe mich hilflos im Kreis:

Die Existenz meiner Kinder würde ich im Falle unseres Auszuges mehr als gefährden, Überlegungen, meinen Mann an die Luft zu setzen und den Betrieb alleine weiterzuführen scheitern, weil ich über keinerlei, hierfür notwendige Kenntnisse verfüge.

Da ich zu keinem Ergebnis komme, ertrage ich den Alltag nur noch mit meinen Kindern und ärztlich verordneten Psychopharmaka, nach außen signalisiere ich wie immer: Alles im Lot!

Im August 1996 droht die Zahlungsunfähigkeit der Firma, die lt. Steuerberater die besten Zahlen schreibt!

Durch Zufall entdeckte ich im Büro meines Mannes Unterlagen, welche mir einen bevorstehenden Konkurs anzeigen.

Mein Mann, von mir zaghaft befragt, weist mir wutschnaubend die Schuld an der anscheinend desolaten Lage zu, kündigt aber gleichermaßen die Sanierung des Betriebes an.

Ich beginne ernsthaft, an seinem Verstand zu zweifeln.

Wieder einmal legt er ungeheure Energien an den Tag, die ich, inzwischen dem Tode näher als dem Leben auch wirklich für Sanierungsmaßnahmen halte.

So gut ich es zeitlich einrichten kann, hole ich mir dennoch Rat bei Freunden, aber auch bei Rechtsanwälten und Steuerberatern. Dies ist mir immer dann möglich, wenn die Kinder von ihrer Kinderfrau betreut werden.

Sehr schnell kommt H. hinter die Gründe meiner teilweisen Abwesenheit und entlässt als Sofortmaßnahme dagegen die Kinderbetreuerin.

Nun nicht mehr flexibel genug und massiv bedroht durch H. und seine Gewalt, gebe ich mich geschlagen und ziehe mich komplett zurück, es beginnt eine Zeit, in welcher ich intensiv bete. Die in meine Gebete eingeschlossenen Fragen an den Herrgott hat er mir jedoch bis heute nicht beantwortet.

Die Sanierungsmaßnahmen des H. bestehen ausschließlich darin, die Firma finanziell gänzlich leer zu lutschen, wieder einmal bringt er seine Eltern in den

Besitz der Vermögenswerte der Firma, diesmal mit kriminellen Methoden.

Im Februar 1997 gründen seine Eltern eine GmbH unter selbem Namen meiner einzelkaufmännischen Firma, unter selber Anschrift, H. wird Geschäftsführer, die Mitarbeiter, Maschinen, Kunden, Aufträge, Autos usw. werden von der neuen GmbH übernommen, korrekter ausgedrückt, er behält die Werte meiner Firma ein und gibt mir den Dreck mit. »Meine« Firma meldet Konkurs an!

H. ist so freundlich und erledigt diese Formalitäten für mich, ich brauche wieder einmal nur zu unterschreiben.

Anschließend wirft er mich mit den Kindern aus dem Haus, im Marschgepäck befinden sich geschätzte DM 800.000.- Schulden.

Meine Kinder und ich ziehen in ein kleines Mietshaus im Nachbarort.

Um sich seiner persönlichen Unterhaltspflicht zu entledigen, legt er mir einen »Arbeitsvertrag« mit der GmbH vor, ich bin gezwungen, um mit meinen Kindern zu überleben, dieses Scheinarbeitsverhältnis einzugehen, unterschreibe aber diesen Vertrag mit untypischer Unterschrift, um für alle Fälle meinen Protest zu dokumentieren.

Schemenhaft kann ich erahnen, was mich nun erwartet, dennoch bleibe ich gefasst, in festem Vertrauen auf den Rechtsstaat.

Die Eidestattliche Versicherung

Die Tage vergehen, der Umzug ist mit Hilfe von Freunden bewältigt, ich komme langsam wieder zu Kräften und brauche keine Medikamente mehr, nun doch sicher, das Grauen hinter mir gelassen zu haben.

Das Grauen, vor allem bestand es in der Endphase meiner Ehe aus dem Leid der Kinder.

Oft wurden sie Zeugen von heftigen Auseinandersetzungen und häuslicher Gewalt.

Nun erlebe ich meine Söhne zunehmend entspannt, sie genießen die Ruhe und Geborgenheit, die ich ihnen vermitteln kann.

Persönlich danke ich für diese Trennungslösung, erlebe eine bislang nicht gekannte Freiheit in Gedanken und Taten.

Doch gleichzeitig mehren sich die Fragen der drei Kleinen nach dem »Warum« der Veränderungen, zentrale Frage: »Warum haben wir unsere Hunde nicht mitgenommen?«

Ich umgehe die Wahrheiten, belüge sie, so gut ich kann, aber in den Augen der Kinder lese ich: »Mama, erzähl` keinen Mist!« In Folge dessen verstärkt sich ihre ohnehin intensive Bindung an mich bei gleichzeitig zunehmender Abkehr vom Vater.

Das bisher Erlebte und meine häufige Verzweiflung lässt eine große Solidarität in unserer Familie entstehen. Dies zeigt sich vor allem in dem Verhalten der Jungs untereinander, aber auch in ihrem Verhalten mir gegenüber. Der Umgang generell ist liebevoll, ohne Probleme kann ich sie in der Obhut ihres großen Bruders oder bei Nachbarn zurücklassen, wenn ich in Sachen Konkurs oder anderer Angelegenheiten außer Haus muss.

Oft ist schon der Tisch gedeckt, wenn ich nach Hause komme oder sie haben sich bereits mit Hilfe ihres großen Bruders für das Zubettgehen fertiggemacht.

Solches erleben zu dürfen, gibt mir ungeheure Kraft für den nächsten Tag und seine neuen Anforderungen. Durch dieses fast unglaubliche Verhalten der Kinder ist es mir auch weiterhin möglich, klar strukturierte und glückliche Tagesabläufe zu gestalten.

Ansonsten besteht der Alltag aus dem Eintreffen von Mahnungen, Mahnbescheiden und vollstreckbaren Titeln, diese werden von mir gesammelt, was könnte ich dem auch z. Zt. entgegensetzen, denn sämtliche relevanten Unterlagen für eine Gegenwehr befinden sich im Hause des H.

Einen Rechtsanwalt kann ich mir nicht leisten, Prozesskostenhilfe würde mir zum jetzigen Zeitpunkt mangels Erfolgsaussichten verweigert werden.

Mit »meinen« Gläubigern stehe ich nicht nur in Kontakt, sondern größtenteils auch in gutem Einvernehmen, es werden fast täglich mehr, die begreifen, was geschehen ist.

Die Besuche des Gerichtsvollziehers am Morgen eines jeden Mittwoch sind liebenswerte Gewohnheit.

Ich beschließe, die Unterlagen »meiner Firma« an mich zu nehmen, zu diesem Zweck begleitet mich ein Freund zum Firmenanwesen des H.

Auf Aufforderung übergibt mir mein Mann nur einige, wenige Firmenakten und verwehrt mir den Zutritt zum Haus.

Somit machtlos, habe ich keinerlei Möglichkeiten, mich mittels fundierter und beweiskräftiger Akteninhalte gegen Forderungen zu wehren.

Auf Antrag einer großen Gläubigerin erhalte ich im April 1997 die Ladung zur Abgabe der Eidesstattlichen Versicherung beim zuständigen Amtsgericht.

Nun doch erregt, völlig unerfahren in Konkursangelegenheiten, bitte ich H. um Hilfe bei der Erledigung der zuvor auszufüllenden Formulare. (An dieser Stelle bitte ich den Leser, mir eine derartige Dummheit nachzusehen).

Mein Mann erscheint am Vorabend des Termins, ich erledige die schriftliche Vorarbeit unter seiner Aufsicht, angekommen bei der Rubrik »Persönliche Wertgegenstände« fällt er mir in den Arm: »Den Nerzmantel, den Brillantring und die Ohrringe würde ich nicht angeben, wer weiß, wie lange ich dir noch Gehalt zahlen kann, so hast du wenigstens einen Notgroschen für dich und die Kinder.«

Er berichtet kurz über die angeblich schlechte Finanzlage der GmbH und versetzt mich so in Angst und Panik vor einem erneuten Existenzverlust. Ich verschweige diese drei Gegenstände, halte diesen »Vorschlag« von H. als tatsächlich für der Sorge um uns entsprungen.

Im Termin am Amtsgericht ist H. persönlich anwesend, überwacht sozusagen den Ablauf des Geschehens, als ich vereidigt werde, möchte ich sterben.

Noch am selben Tage vertraue ich mich einem Geistlichen an, denn ich stehe in einem entsetzlichen Widerspruch zwischen der Liebe und der Verantwortung für meine Kinder und dem, was Recht und Gesetz bedeuten.

Wenige Tage später überbringt mir H. eine Zeugenladung zum Termin vor dem Oberlandesgericht.

Er hatte eine seiner Gläubigerbanken aus seinem ersten Konkurs auf Schadensersatz verklagt. Um den Prozess zu gewinnen, soll ich nun vor dem Senat des Oberlandesgerichts für ihn eine Falschaussage tätigen.

Ich nehme die Ladung zur Kenntnis, ebenso nehme ich stillschweigend zur Kenntnis, dass mein Mann offensichtlich noch immer meine Post kontrollieren kann.

H. möchte meine Falschaussage nun mit mir besprechen, wütend bitte ich ihn, mein Haus zu verlassen.

Er startet seinen ersten Versuch:

»Wenn du mitspielst, gewinne ich den Prozess, du bekommst dann soviel Geld, dass du schuldenfrei bist...«, ich bekomme ein Spielzeug der Kinder zwischen die Finger und werfe es nach ihm, er startet seinen zweiten Versuch: »Gut, überlege es dir gründlich, ansonsten bist du fällig wegen deiner falschen Eidesstattlichen Versicherung...«.

Nun begreife ich seine Spielregeln und seine absolute Verderbtheit und weise ihn nochmals aus dem Haus. Er geht, nicht, ohne wüste Drohungen gegen mich und die Kinder auszustoßen. Bereits im Eingangstor des Hauses stehend, geht er mich nochmals an, mit dem Mut der Verzweiflung trete ich den 130-kg-Mann aus der Tür.

Noch am selben Abend bedroht mich H. telefonisch,

u.a. mit den Worten: »Ich bin gut geworden im Schießen, für einen Kopfschuss reicht`s!«

Von den Kindern weiß ich, dass der einstmals schöne
Garten, mittlerweile verwildert, Ort für Schießübungen
ihres Vaters ist. Dies berichteten sie nach einem kurzen
Besuch bei H.

Voller Angst vor dieser durchaus ernstzunehmenden
Morddrohung bringe ich diese am nächsten Morgen bei
der Polizei zur Anzeige.

Bis zum heutigen Tage habe ich in dieser Angelegenheit nichts gehört, ich muss also davon ausgehen, dass
das Ermittlungsverfahren eingestellt wurde.

Obwohl nervlich am Ende und in großer Angst vor H.
und seiner Gewalt lüge ich im Termin vor dem Oberlandesgericht nicht, H. verliert seinen Prozess, er schäumt
vor Wut.

Nach einigen Wochen erhalte ich die Vorladung zur poli-
zeilichen Vernehmung wegen des Verdachtes der Abgabe
einer falschen Eidesstattlichen Versicherung.

Ruhig und gefasst gebe ich im Verhör alle Fakten zu
Protokoll, lege ein Geständnis ab und berichte über die
anschließenden Vorfälle.

Der zuständige Kriminalbeamte äußert sich kurz mit
den Worten: »Mit dieser Anzeige gegen Sie wird sich Ihr
Mann nicht gerade einen Gefallen getan haben,« denn
es stehen Straftatbestände wie Nötigung, Anstiftung zur
Falschaussage und Erpressung im Raum.

Erleichtert fahre ich nach Hause, ich weiß, dass ich in
einem Rechtsstaat lebe, warte also auf Gerechtigkeit.

Diese kommt relativ zügig in Form eines Strafbefehls gegen mich, für eine Gegenwehr habe ich keine finanziellen Mittel. Ich erbitte Ratenzahlung der ausgeurteilten Strafe, wobei ich zum Zeitpunkt der Antragstellung noch nicht weiß, wovon ich die Raten leisten soll, in jedem Falle bin ich nun vorbestraft.

Doch auch H. erhält Post in dieser Sache, nämlich die Mitteilung über meine Verurteilung.
Seine kriminelle Energie erhält, staatlich gefördert, völlig neue Perspektiven!

Der Konkursrichter

Im Mai 1997 erreicht mich die Ladung zum Termin am zuständigen Konkursgericht. Inzwischen etwas erfahrener in Sachen Konkursangelegenheiten weiß ich, dass das Verfahren aufgrund meiner zu tätigenden Angaben eröffnet werden muss.

»Meine«, nur auf dem Papier in Konkurs gegangene Firma existiert ja noch immer, mit all ihren nicht unbeträchtlichen Werten. Diese könnten dann veräußert und die Gläubiger mit diesen Geldern befriedigt werden.

Die Tatsache, dass der zuständige Richter ebenfalls das Konkursverfahren des H. abgewickelt hat (man kennt sich also) beunruhigt mich nicht, weiß ich doch um die richterliche Unabhängigkeit, die dringend gebotene Objektivität etc.

Daher beunruhigt mich auch nicht die Tatsache, dass H. nahezu lückenlose Kenntnis über den Stand »meines« Konkursverfahrens hat, woher auch immer er dieses Wissen bezieht.

So sammle ich wichtige Unterlagen und Schriftstücke, zum Termin erscheint auch eine Gläubigervertreterin.

Ich bin unendlich froh, einem erfahrenen, kompetenten Juristen die Ereignisse vortragen zu können, denn nur das ist der richtige Weg.

Nach Aufforderung betreten wir das Richterzimmer, spontan entschließe ich mich, das, was ich da sehe, als positiv zu werten.

Der relativ dunkle Raum gleicht eher einem Wohnzimmer für gemütliche Stunden, eine Tischlampe brennt, Thermoskannen und Tassen zieren den Schreibtisch, der Richter trägt eine Art Schlappen, die restliche Kleidung möchte ich ebenfalls als leger bezeichnen, kurz gesagt, ich habe das Gefühl, in einem Panoptikum gelandet zu sein!

Im anschließenden, offiziellen Verfahren gebe ich alles wahrheitsgemäß zu Protokoll, die Gläubigervertreterin (es handelt sich um die Vertreterin einer großen deutschen Krankenkasse) kann aus eigener Kenntnis der Dinge die meisten meiner Angaben bestätigen. Sie ist es, die u.a. die lückenlose und verdeckte Firmenfortführung beweisen kann, ebenso die Übernahme der Arbeitnehmer.

Diese hatten an einem Morgen im Februar 1997 ihre Kündigung durch »meine« Firma von der Sekretärin des H. in die linke Hand gedrückt bekommen, damit sie mit der rechten Hand ihren Arbeitsvertrag mit der GmbH des H. unterschreiben konnten.

Am Ende der Verhandlung ist prinzipiell klar, das Konkursverfahren wird eröffnet werden. Aufgrund verschiedener, detaillierter Nachfragen des Richters, der während der Anhörung auch mehrmals bedenklich seinen Kopf schüttelte, bin ich ebenfalls sicher, dass nun auch die Staatsanwaltschaft, durch das Gericht zwingend in Kenntnis zu setzen, ins Boot steigen wird.

Im Sommer 1997 erhalte ich die Mitteilung vom Konkursgericht, dass das Konkursverfahren mangels Masse eingestellt wurde, von der zuständigen Staatsanwaltschaft ist nichts zu hören.

Mein Widerspruch gegen diese unfassbare Entscheidung wird abgeschmettert.

Wenige Jahre später ist in den Medien zu lesen, dass der für mich zuständig gewesene Konkursrichter wegen Bestechlichkeit im Amt (in einem anderen Fall) des Amtes enthoben und nach Strafrecht verurteilt wurde.

Das bereits fortgeschrittene Stadium seiner Trunksucht ersparte ihm das Einfahren in die Justizvollzugsanstalt.

Trotz allem Entsetzen keimt ein Funken der Hoffnung in mir auf, ich telefoniere mit dem zuständigen Leitenden Oberstaatsanwalt, dem damaligen Anklagevertreter.

So kompakt wie möglich versuche ich mein Anliegen, nämlich »Verdacht auf Bestechlichkeit im Amt« zu schildern, doch nach wenigen Sätzen werde ich unterbrochen.

Es ist nur ein Wort, welches alle Hoffnung auf die Neuaufnahme des Konkursverfahrens beendet: »Verjährt!«

»Meine« Schulden kleben an mir bis zu meinem 71. Lebensjahr.

Vaterliebe vor Gericht

Einer meiner Söhne leidet seit seiner Geburt an einer Erkrankung des Herzens. Hierbei handelt es sich um eine im Prinzip nicht steuerbare und nicht vorhersehbare Anfallserkrankung mit unter Umständen lebensbedrohenden Attacken.

Auf Rat der Ärzte ist das Kind in einem solchen Falle unverzüglich ins Krankenhaus zu verbringen, das Warten auf einen Rettungswagen nur Zeitverlust.

Seitdem ich mit meinen Kindern alleine lebe, habe ich sowohl meinen ältesten Sohn, wie auch Nachbarn und Freunde mit einer, bei einem Anfall eventuell notwendigen Schnellversorgung vertraut gemacht.

Zeitgleich mit der Trennung von H. bat ich ihn, mir einen fahrbaren Untersatz zur Verfügung zu stellen. Ohne dass es zu irgendwelchen Schwierigkeiten kam, übergab er mir damals den bereits vorhandenen Familienbus. Da es sich bei diesem Fahrzeug aber um einen tonnenschweren, äußerst benzinintensiven Wagen handelte, war ich in meiner desolaten finanziellen Situation über dieses Fahrzeug alles andere als glücklich.

Im Frühjahr 1997 erlange ich über einige undichte Kanäle innerhalb der GmbH meines Mannes Kenntnis davon, dass H., seitdem ich den Wagen im Februar 1997 übernommen hatte, entgegen seiner Aussage weder die Kfz-Versicherung, noch die Kfz-Steuer entrichtet.

Ich fahre, völlig entsetzt, keinen Meter mehr und ver-

lange von meinem Mann die sofortige Abholung des
Wagens. Zugleich bitte ich H., im Interesse seines herz-
kranken Sohnes, um Geldmittel für die Anschaffung
eines kleinen Gebrauchtwagens.

Mein Mann sagt mir DM 2.500.- zu, ich bestelle daraufhin bei einem Händler verbindlich einen Kleinwa-
gen, für unsere Zwecke völlig ausreichend.

Am Tage der Abholung des Autos händigt H. mir das
Geld aus, nun mit der Aufforderung, einen Schuldschein
zu unterschreiben, wieder einmal genießt er unverhohlen
seine Macht über mich, denn wer kennt meine finanzielle Situation besser als er?

Ich flehe, bettle und argumentiere, ich schreie ihn an, an
seinen Sohn zu denken, H. zuckt nur bedauernd mit den
Schultern und legt das Geld zurück in die Kassette.

Gegenüber dem Autohändler vertraglich gebunden,
noch mehr aber meinem Kind verpflichtet, unterschreibe
ich den Schuldschein und kann ein kleines, altes Auto
mein eigen nennen.

Noch am gleichen Tage berichte ich meiner Nachbarin, einer guten Bekannten, über die erneute Machtde-
monstration meines Mannes.

Die Zeit vergeht, H., über meine finanzielle Situation
nach wie vor bestens im Bilde, fordert mehrmals die
Rückzahlung des Geldes.

Da ich nicht zahlen kann, reicht er Klage zum zuständigen Amtsgericht ein. Ich trete der Klage entgegen, beantrage zu Gericht, jene Nachbarin, der ich mich anver-

traut hatte, als so genannte »Zeugin vom Hörensagen« zu laden. Das Gericht folgt dem Antrag nicht.

Doch ich gebe nicht auf und bringe meine Bekannte mit zum Termin, sie wartet vor dem Verhandlungsraum.

Noch einmal bitte ich die Vorsitzende um die Anhörung einer möglicherweise wichtigen Zeugin.

Sie wird nicht gehört, das Gericht verurteilt mich zur Zahlung von DM 2.500.- nebst Zinsen.

Bis heute kann ich nicht nachvollziehen, mit welcher Kaltschnäuzigkeit und Härte die Richterin gegen eine verzweifelte Mutter und ihr krankes Kind »Recht« sprach, dies unter Nichtausschöpfung ihrer juristischen Möglichkeiten!

Da ich das Geld auch weiterhin nicht aufbringen kann, auch die ratenweise Bürgschaftsrückführung musste ich längst einstellen, lässt H. mein Konto mittels Pfändungsbeschluss einfrieren. Da nichts Pfändbares vorhanden ist, muss er zwar das Konto räumen, aber um dieses Recht durchsetzen zu können, bin ich erheblich mit Kosten belastet.

Im Jahre 2000 verlangt H. von mir die Abgabe der Eidesstattlichen Versicherung!

Meine Mutter, mittellose Rentnerin, bezahlt mit ihren Ersparnissen meine ausgeurteilte Schuld an H. und erspart mir so die neuerliche Demütigung der Abgabe einer Eidesstattlichen Versicherung und deren Konsequenzen.

In den Mühlen der Justiz

Die Entscheidung des Konkursgerichts stellt sich für mich als unverdauliche Kost heraus, ebenso setzen mir hartnäckige Gläubiger zu, die meine letzten Kräfte zu verbrauchen drohen. Da ich aber für mich schon seit langem beschlossen habe, meine Kräfte ausschließlich in den Dienst meiner Familie zu stellen, fahre ich an einem Nachmittag im Sommer 1997 zur zuständigen Kriminaldienststelle.

Im ersten Gespräch fällt es mir schwer, Haltung zu bewahren und all das Geschehene systematisch vorzutragen. Die Ruhe und Warmherzigkeit des zuständigen Kommissars lassen mich zunächst hemmungslos in Tränen ausbrechen, der gesamte, angestaute Schmerz bricht sich dort, in diesem nüchternen Büroraum, neue Bahnen.

Doch mit Hilfe des Kommissars und seinen Mitarbeitern kommt nicht nur alles in geordnete Bahnen, sondern auch ein umfangreiches Ermittlungsverfahren in Gang, Kriminalpolizei, Staatsanwaltschaft und Steuerfahndung haben mein ganzes Vertrauen.

Die Ermittlungen beziehen sich u.a. auf:

Betrügerischer Konkurs/Verdeckte Firmenfortführung
Steuerhinterziehung
Untreue
Scheckbetrug
Urkundenfälschung
Gläubigerbegünstigung

In zahlreichen Zeugenvernehmungen lege ich für jede meiner Angaben mühsam zusammengetragenes, schriftliches Beweismaterial vor, benenne weitere Zeugen und Tatbestände.

Im Laufe des Verfahrens ist die lückenlose Kenntnis der Gesamtlage durch die Mitarbeiter der Steuerfahndung beeindruckend.

Diese erkennt später in ihrem Abschlussbericht auf die »faktische Inhaberschaft« meiner Firma durch meinen Mann. Das würde bedeuten, dass sich nach Abschluss des Strafverfahrens gegen H. die Gläubiger endlich an den tatsächlichen Schuldner halten könnten.

Es beginnt ein zermürbendes Warten auf den Prozessbeginn, bzw. eine Verurteilung, denn immer wieder klopfen Gläubiger an meine Tür, ich komme nicht zur Ruhe.

Von Mal zu Mal erfordert es mehr Kraft, unter Hinweis auf das laufende Verfahren gegen H. um Geduld zu bitten.

Mit Beginn der Ermittlungen gegen ihn läuft H. zur Hochform auf.

Wutschnaubend »kündigt« er meinen Arbeitsvertrag zum September 1997, ich bin nun zunächst fast völlig mittellos. Meine Ängste, meine Verzweiflung und eine unbändige Wut lassen mich ihn auf das Übelste beschimpfen, meine Appelle, an seine Söhne zu denken, quittiert er ruhig mit dem Angebot einer höheren 6-stelligen Summe, er möchte die Kinder kaufen!

Weitergehend setzt er mich darüber in Kenntnis, dass er alle Gespräche mit mir auf Tonband aufgezeichnet hat: »… die kann man nach Bedarf bearbeiten und, wenn nötig, gegen dich verwenden…«.

Das Abhören von Menschen, das Fälschen von Schriftstücken und ähnliche Machenschaften waren schon immer für ihn bewährte Methoden, seine Ziele zu erreichen.

Kurz bevor er meine Kinder und mich des Hauses verwies, teilte er mir mit, dass er seit Anbeginn unserer Ehe jedes private Telefonat meinerseits abgehört, bzw. mitgeschnitten hatte. Um diese Behauptung zu untermauern, spielte er mir Auszüge aus einer Vielzahl von Tonbandkassetten vor.

Mir blieb nur, angesichts solch menschlicher Verkommenheit, um meine Fassung zu ringen.

Auch dieser, von mir später angezeigte und durchaus erhebliche Straftatbestand, der durch eine Hausdurchsuchung bei H. auch bewiesen werden konnte, blieb für ihn ohne jede strafrechtliche Konsequenz.

Die erste Neuinvestition in seiner GmbH war die lückenlose Videoüberwachung der Arbeiter an den Maschinen.

Mit der finanziellen Unterstützung meines Bruders und eines Freundes kann ich einen Fachanwalt für Familienrecht beauftragen, da ich nun ja kein »Gehalt« mehr beziehe, muss die Unterhaltsfrage schnellstens geregelt werden.

Doch die Mühlen des Familiengerichts mahlen trotz der akuten Gefahr des Existenzverlustes in gewohnter Manier, juristische Möglichkeiten, wie sie der Gesetzgeber durchaus für solche Fälle vorgesehen hat, wie z.B. eine Einstweilige Anordnung, werden nicht angewandt.

Gleichzeitig mit der Politik der finanziellen Ausgrenzung beginnt H., seine Söhne mit Geschenken zu überhäufen, Geschenke, die die Jungs allerdings nie nach Hause mitnehmen dürfen.

Zu Kontakten mit H. kommt es regelmäßig, da ich auf Anraten meines Rechtsanwaltes dafür sorge, dass H. das ihm gesetzlich zustehende Umgangsrecht wahrnehmen kann.

Doch von Mal zu Mal wird es schwieriger, die Kinder, vor allem die Zwillinge, zu Besuchen zu motivieren.

Als er wieder einmal die Kinder abholt, begrüßt er sie mit den Worten: »Ihr seht ja aus wie ´Arsch und Friedrich´, wir gehen erstmal Kleider kaufen!«

Meinen Kindern, immer anständig gekleidet, schießen bei diesen Worten die Tränen in die Augen, mein Sohn Christian greift, gleichsam um Hilfe suchend, nach meiner Hand.

Wieder einmal absolut ohnmächtig kann ich nur zusehen, wie die Kinder mit hängenden Köpfen das Haus verlassen.

Am Abend, nach ihrer Rückkehr und natürlich ohne die neue Kleidung, fällt erstmals die klare Aussage der Zwillinge, dass sie ihren Vater nicht mehr besuchen möchten.

Es sind wohl der gesunde Instinkt und die Unverdorbenheit eines Kindes, die eine solch punktgenaue und unbestechliche Einschätzung eines entsetzlichen Charakters ermöglichen.

Doch was soll ich meinen Jungs dazu sagen?

Noch sind sie zu klein, um die möglichen Konsequenzen ihres Wunsches zu verstehen!

Noch sind sie zu klein, um die langsam immer deutlicher zu Tage tretenden Entsetzlichkeiten in der Rechtsprechung zu ertragen!

Noch wissen sie nichts vom »Steten **Schutz** des Bösen«, ich selbst muss es ja erst mühsam verstehen lernen.

In der folgenden Nacht, in der ich kein Auge schließen kann, habe ich das Gefühl, zwischen Mühlsteinen zerdrückt zu werden, wieder einmal ist der Wunsch, mit meinen Kindern sterben zu wollen, um endlich Frieden zu finden, fast übermächtig.

Meinen alleinigen Freitod habe ich verworfen, denn was würde das bedeuten?

Es hieße einzig und allein, dass meine Kinder nicht nur den Verlust ihrer Mutter verkraften, sondern ein Leben mit einer, von ihnen mittlerweile gehassten, absoluten Unperson führen müssten. Lediglich mein ältester Sohn würde Halt und Geborgenheit in der Familie seines Vaters finden.

Wieder einmal bete ich inständig um Rat und Hilfe.

Der Staat und das Kindeswohl

Parallel zur laufenden Unterhaltsklage wende ich mich aus tiefster Not an das zuständige Jugendamt, beantrage Unterhaltsvorschuss für die Söhne des H., denn das Wasser steht uns bis zum Hals!

Ich erledige die notwendigen Formalitäten schnellstmöglich, lasse sie dem Amt zukommen und erhalte eine Leistungsabsage.

An dieser Stelle muss ich kurz in die jüngste Vergangenheit zurückgehen:

Im Juli 1997 legte einer der hartnäckigen Gläubiger mein Postgirokonto mittels Pfändungsbeschluss auf Eis.

Deshalb bat ich H., das mir zustehende »Gehalt« bar auszuzahlen. Er entsprach meinem Wunsch, gegen Quittung erhielt ich meinen »Monatslohn«. Gleichzeitig bat ich ihn, um teure Gebühren bei Einzahlung auf ein Fremdkonto zu vermeiden, die nächste Miete für unser Haus zu überweisen und händigte ihm die Mietkosten in bar aus, dieses Vorgehen wurde zweimal nötig, denn erst dann hatte ich mein Konto wieder freigekämpft.

Vielleicht war ich wieder einmal zu dumm, vielleicht aber war es auch stressbedingt, in jedem Falle versäumte ich es, mir von H. eine Quittung über den Erhalt der Mietsummen in bar geben zu lassen.

Zurück zur Entscheidung des Jugendamtes:

Es stellt sich heraus, dass H., in der Sache gehört, dem Amt Mitteilung machte über die Tatsache, er hätte bereits zweimal die Mietkosten übernommen, was einer Unterhaltsleistung entspricht. Zum Beweis hatte er entsprechende Kontoauszüge vorgelegt.

Jeglicher Anspruch gegenüber der Unterhaltsvorschusskasse ist somit nichtig.

Ich stelle verschiedene Unterlagen zusammen und spreche auf dem Amt vor.

Meine mitgeführten Unterlagen bestätigen u.a. die Pfändung meines Kontos und den Erhalt der baren Gehaltszahlungen.

Es gelingt mir tatsächlich, den zuständigen Sachbearbeiter davon zu überzeugen, dass Mietzahlungen des H. aus eigener Kasse nie stattgefunden haben, ich versichere meine Angaben an Eides statt.

Der Mitarbeiter des Jugendamtes ist mir durchaus gewogen, er stellt sogar fest, dass es ein Versäumnis war, keine Quittung von H. verlangt zu haben, doch gleichzeitig bedauert er seine Entscheidung, die Kontoauszüge des H. wiegen schwerer als mein Eidesstattliche Versicherung.

Der direkte Weg vom Jugendamt führt mich zum Sozialamt unserer Gemeinde.

Diese Fahrt über ca. 30 km erlebe ich nur schemenhaft, blind vor Tränen der Wut und Verzweiflung kann ich kaum erkennen, wohin ich fahre.

Nun, am Sozialamt angekommen, wieder neue Formalitäten, die ich schnellstmöglich erledige.
Die nächste Miete steht an, der Kühlschrank ist leer, der Tank des kleinen Autos so gut wie leer.

Eine Unterstützung durch das Sozialamt wird mir verweigert, der Grund ist das kleine, alte Auto. Dieses habe ich als erste lebenserhaltende Maßnahme zu veräußern.

Auf solche Einwände mittlerweile vorbereitet, lege ich ein fachärztliches Attest bzgl. der Krankheit meines jüngsten Sohnes vor.

In diesem Attest bestätigt der behandelnde Facharzt die Besonderheit der Erkrankung und die Notwendigkeit eines Fahrzeuges.

Für das Sozialamt ist das unerheblich, man schließt meine Akte und bittet den nächsten Bedürftigen zum Eintritt.

Nachdem ich zuhause die mir verbliebenen Wertgegenstände abgeholt habe, fahre ich mit den letzten Tropfen Benzin zum nahe liegenden Pfandleihhaus.

Ich stelle den Motor ab und bemerke, dass ich nicht fähig bin, dieses Haus zu betreten.

Die Scham, auf ein solches Niveau gefallen zu sein, selbst das Sozialamt ist nicht zuständig, raubt mir jeden klaren Gedanken!

Und dann taucht das mittlerweile teigig verkommene Gesicht des H. vor meinen Augen auf!

Nun weiß ich, was zu tun ist, ich starte den Motor, diesem Schwein werde jetzt und heute den Schädel einschlagen!

Eine ganz einfache Tatsache lässt dieses »Projekt« scheitern, ich habe kein Benzin mehr, um zu H. zu fahren!

Und noch etwas: Das verkommene Gesicht des H.

wird verdrängt von den Bildern meiner Kinder, die zuhause auf mich warten.

Ich stelle den Motor ab, nun nur noch meine Jungs vor Augen!

Der Nerzmantel ist aufgrund von Mängeln nicht verwertbar, der Erlös für Ring und Ohrringe ermöglicht die anstehende Mietzahlung, für ein paar Tage ist die Ernährung gesichert.

Bis zur gerichtlichen Entscheidung über Unterhaltsleistungen überleben meine Kinder und ich mit Hilfe der Familie und meiner Freunde.

Unterstützung in jeder Hinsicht erfahren wir auch durch einen Mann, den ich im Spätsommer 1997 kennen gelernt habe, meinem späteren dritten Ehemann.

Mein Noch-Ehemann leistet, durch meinen Rechtsanwalt massiv unter Druck gesetzt, geringe, nicht nachvollziehbare und unregelmäßige Zahlungen.

Das Strafverfahren wegen Unterhaltspflichtverletzung, welches mein Anwalt auf den Weg gebracht hatte, wird deshalb eingestellt, er zahlt ja, wenn auch nur irgendetwas.

Trotz meiner desolaten Verfassung verfüge ich noch über soviel klaren Verstand und Objektivität, um das durchaus Faszinierende dieser erfolgreichen Zusammenarbeit von Justiz, Behörden und H. zu erkennen.

Grundgesetz Artikel 6, Abs. 4:
Jede Mutter hat Anspruch auf den Schutz und die Fürsorge der Gemeinschaft.

Terror

Zeitgleich mit der Ausurteilung des Unterhalts beginnt ein beispielloser Kampf um das Sorgerecht.

Da H. auf keinen Fall unterhaltspflichtig und somit auch immer wieder auskunftspflichtig bleiben will und seine Söhne aufgrund eines Testaments spätere Erben eines beträchtlichen Vermögens sein sollen, auf das er Zugriff erlangen möchte, kämpft er ebenfalls um das alleinige Sorgerecht.

Der Wunsch seiner Kinder, bei und mit mir leben zu wollen, ist für ihn ohne Bedeutung.

Lassen Sie mich an dieser Stelle kurz zur Situation der Jungs Stellung nehmen:

Wie bereits erwähnt, hatte ich sie zunächst bzgl. unserer veränderten Lebensumstände belogen, um sie zu schonen.

Den Wegzug hatte ich ihnen mit der Tatsache erklärt, dass ihr Vater das Haus für Firmenzwecke nutzen muss, die Abwesenheit ihres Vaters mit hohem Arbeitsaufkommen entschuldigt und die Hunde? Nun ja, die müssen auf die Firma von ihrem Vati aufpassen!

Hätte ich meinen Kindern sagen sollen, dass ich die Kosten für Nahrung, Impfungen und Hundesteuern nicht aufbringen kann?

Doch da es sich um sehr aufgeweckte Jungs handelt, spürten sie nach nur kurzer Zeit die wahren Hintergründe. Sehr schnell erkannten sie in ihrem »Vater« den Verursacher unserer Not.

Ihre Kenntnis der Dinge war teilweise beängstigend, hinzu kamen ihre eigenen, persönlichen Erfahrungen. Die Kinder weiterhin anzulügen, wie auch später von mir gerichtlich verlangt, war praktisch unmöglich.

Um sein Ziel zu erreichen, geht mein Mann in zwei Schritten vor, erstens die finanzielle Ausgrenzung durch minimale Unterhaltsleistungen.

Diese »Politik« betreibt er bis zum heutigen Tage erfolgreich und mit Hilfe der Justiz.

Weder das zuständige Familiengericht damals, noch die Folgegerichte bis heute stolperten jemals über die Tatsache, dass H. als Geschäftsführer und faktischer Inhaber eines familieneigenen Betriebes sein Gehalt, aus welchem sich bekanntermaßen der Unterhalt berechnet, selbst bestimmt.

Bis zum heutigen Tage, das sind nun zehn Jahre, zog und zieht kein Gericht das unveränderte, lächerliche Gehalt des H. in Frage. Seine persönlichen, lapidaren Feststellungen über die schlechte Finanzlage der GmbH, die er niemals belegen musste, waren und sind den Gerichten ausreichend. Die Möglichkeit einer erweiterten Auskunft, z.B. die Vorlage von Firmenzahlen/Bilanzen, scheint für die Richterschaft wohl zu arbeitsintensiv oder »nicht zumutbar«.

Die Frechheit von H. geht soweit, dass er, sicher durch die Justiz geschützt, einerseits vor Gericht die schlechte Lage der GmbH angeben kann, während er seine Firma im Internet als äußerst erfolgreich vorstellt, einziges Unternehmen weltweit mit diesem Produkt, klickt man weiter, findet man sein Unternehmen auf internationalen Messen, die Messestände sind vom Feinsten. Er vermarktet weltweit die Patente, die er mit den veruntreuten Geldern erworben hatte.

Seine drei heranwachsenden und unterhaltsberechtigten Söhne, mit all ihren verständlichen und meist nicht erfüllbaren Bedürfnissen, scheitern an der Justiz.

Der zweite Schritt, den er jedoch parallel zum ersten geht, ist meine seelische Zerstörung, sein eigentliches Ziel ist mein Freitod. Dies teilt er mir unmittelbar vor einer Gerichtsverhandlung unter vier Augen mit.

Er überschwemmt das Familiengericht kiloweise mit selbst gefertigten Protokollen über angebliche Taten und Äußerungen von mir, bzw. Äußerungen der Kinder gegen mich.

Kurz vor einem Verhandlungstermin, wir haben mittlerweile am zuständigen Familiengericht traurige Berühmtheit erreicht, zieht mich eine Justizangestellte auf die Seite: »Das, was Ihr Mann hier treibt, habe ich in den dreißig Jahren meiner Tätigkeit in diesem Hause noch nicht erlebt!«

H. verleumdet mich als erziehungsunfähig wegen Tabletten –und Alkoholsucht, bezichtigt meinen Freundeskreis krimineller Taten, beschuldigt ein Mitglied meiner Familie, welches in einem hohen Amt tätig ist, des Amtsmissbrauches, durchwühlt das Privatleben meines

Rechtsanwaltes und prangert ihn wegen angeblich unlauterem Verhalten zu Gericht an.

Das Gericht sieht keinen Handlungsbedarf, diesem perversen Treiben ein Ende zu bereiten.

In meiner Verzweiflung fordere ich H. mittels eines öffentlichen Aushangs an seinem Firmentor auf, seine Handlungen einzustellen, weise ihn auf die Strafbarkeit von Verleumdung hin.

Dies allerdings ist für die zuständige Richterin Anlass, grundsätzlich auf Verwirkung von Ehegatten-Trennungsunterhalt zu erkennen, da mein öffentlicher Aushang den Tatbestand der Verleumdung erfülle. Ebenso erachtet sie meine Strafanzeigen in Sachen Konkurs, Morddrohung und »Abhören des vertrauten Wortes« als grundsätzlich unterhaltsverwirkend.

Lediglich um die Existenz der Familie nicht zu gefährden, nimmt sie von einer solchen, tatsächlichen Entscheidung Abstand.

Ein gerichtlich bestellter Gutachter kommt zu dem Schluss, dass ich weder süchtig, noch überhaupt suchtgefährdet bin, spricht sich für die Übertragung des alleinigen Sorgerechts auf mich aus.

Während dieses gesamten Zeitraumes müssen meine Söhne auf gerichtliche Anordnung das Umgangs**recht** ihres Vaters wahrnehmen, sie kehren häufig traumatisiert zurück, berichten von körperlichen und seelischen Übergriffen des H. und schmieden Fluchtpläne aus dem Haus ihres »Vaters«, sollten sie ihn wieder besuchen müssen.

Mein Sohn Max nimmt eine rührende Beschützerrolle für seine beiden kleinen Brüder ein.

Die innige Beziehung der Kinder zu mir, ihre Entscheidung für mich und ein Leben in Unsicherheit und relativer Armut, bewirken bei H. zeitweise unkontrollierte Wut auf seine Söhne, die sie bitter spüren müssen.

Zu keiner Zeit hört man mich bei Gericht an, häufig fallen Worte wie: »Das tut hier nichts zur Sache...«, wenn ich verzweifelt diese Worte missachte und damit offensichtlich auch das Gericht, werde ich zum Schweigen verdonnert.

Zeugen und Beweisanträge werden nicht zugelassen, zu keinem Zeitpunkt gelingt es mir, wenigstens das Leid und die Not der Kinder zu dokumentieren, wieder einmal vermittelt ein Gericht dem Menschen aus dem Volke, ein unwissender Idiot zu sein.

Am 04. November 1998 erhalte ich das alleinige Sorgerecht, allerdings unter strengsten Auflagen:

Das Umgangsrecht des Vaters mit seinen Kindern habe ich zu fördern und gutzuheißen, die Kinder sind positiv zu motivieren usw.

Ist dies nicht der Fall, droht der Entzug des Sorgerechts, sowie die Anordnung der Amtsvormundschaft. Mit diesen Anordnungen folgt das Gericht nahezu wortgetreu den Anträgen des H.!

Wissend um das Leid meiner Söhne, ganz besonders trifft es meinen kleinen Christian, der seinen Vater hasst und verachtet, sind diese gerichtlichen Anordnungen kaum zu ertragen.

Weiterhin empfiehlt mir die Vorsitzende, meine »*extrem ablehnende Haltung gegenüber dem Kindesvater*« durch Psychotherapie behandeln zu lassen!

Vier Tage später, meine Söhne waren am Abend von einem erneuten Zwangsbesuch bei H. zurückkehrt, blass und verstört wie immer, versucht Christian gegen 20.00 Uhr durch Verschlucken von Glaskugeln seinem kleinen Leben ein Ende zu setzen.

Ich finde ihn hinter seinem Bett, würgend und weinend, den Mund voller Murmeln!

Es finden sich in unserer Sprache keine Worte, um meine Gefühle beim Auffinden dieses verzweifelten kleinen Geschöpfes zu beschreiben!

Dennoch gelingt es mir, Ruhe und Besonnenheit zu bewahren.

Nachdem das Schlimmste überstanden ist und ich ihn in meinen Armen halte, richtet er nur eine Frage an mich: »Mama, versprichst du mir, dass ich nie wieder zu dem Vati muss?«

Ich verspreche es ihm, die Androhung des Gerichts klar vor Augen.

Auf dem Boden sitzend, mit dem Rücken an die Wand gelehnt und meinen Sohn im Schoß, gehen sie mich wieder an, diese Mordgedanken, diesmal erweitert!

Diese unsägliche Richterin, ignorant, so unwissend und doch so dominant!

Ich sehe deutlich ihr Gesicht vor mir, unbewegt und kalt, und doch so wissend um ihre Machtposition, die sie gnadenlos ausspielt.

Mein Blick fällt auf meinen schlafenden Sohn, wie ein kleiner Sack hängt er in mir, sein Gesicht ist blass und schweißnass, die Haare kleben an seiner Stirn, aber er atmet ruhig und gleichmäßig.

Mühsam stehe ich mit ihm auf und lege ihn in sein Bett, sein Anblick löscht jegliche Gedanken an Gewalt aus meinem Kopf.

In dieser Nacht wird mir ein für alle Mal klar, dass ich den Kampf gegen diesen entsetzlichen Mann niemals gewinnen werde, zu groß ist seine verkommene Macht, zu groß ist seine Unterstützung durch staatliche Institutionen.

Der nächste Morgen, nach furchtbar durchwachter Nacht, zeigt mir auf, dass ich nicht mehr gebetet habe.

Es bleibt mir nur, bis auf weiteres in irgendeiner Form Schadensbegrenzung zu betreiben.

Angewandte Staatsgewalt

Anfang Januar 1999 treten wir die Flucht in ein kleines Dorf an.

Wir, das sind meine vier Söhne, mein Lebensgefährte S., seine beiden Kinder im Alter von sechs und drei Jahren und ich.

Wir bringen so einige Kilometer zwischen H. und uns. So, wie ich H. einschätze, ist das die Lösung.

Um vor eventuellen, zu erwartenden Übergriffen geschützt zu sein, mieten wir ein ideales Haus am Waldrand, von drei Seiten absolut unzugänglich, das Einfahrtstor bewacht unser Hund, den wir auf Wunsch der Kinder aus einem Tierheim zu uns geholt hatten.

Meine Rechnung geht auf, mit steigender Kilometerzahl rechnet sich für H. der Umgang mit seinen Söhnen nicht mehr, er verliert das Interesse. Es gibt im Jahre 1999 noch einige, mehr oder weniger schmerzvolle Kontakte, die auch teilweise das Einschalten des Arztes notwendig machen, mein Sohn Max kann mehrmals am Montag die Schule nicht besuchen, weil es ihm schlecht geht. Ein letzter Kontakt Ende des Jahres, dann kehrt Ruhe ein.

Die Jungs erholen sich zunehmend, werden wieder die Kinder, die sie vor langer Zeit einmal waren, fröhlich und unbeschwert, sie hängen in großer Zuneigung an ihrem Stiefvater.

Unendlich dankbar für diese gesamte Entwicklung gehe ich in meiner Funktion als nun »Mutter-6-Kind«

auf. Ein weiterer glücklicher Umstand ist die Tatsache, dass mein Lebensgefährte nach langer Arbeitslosigkeit eine Arbeitsstelle antreten kann, die für ihn maßgeschneidert und sehr gut bezahlt ist.

Im Sommer des Jahres 2000 schließen wir die Ehe, stellen unsere Patchwork-Familie rundum auf ein solides Fundament.

Außergewöhnlich belastend bleibt das Warten auf die Verurteilung des H., denn weiterhin werde ich von hartnäckigen Gläubigern bedrängt, erhalte ich weiterhin Besuche von Gerichtsvollziehern und ähnlichen Gästen.

Es wundert mittlerweile nicht nur mich, dass sich H. aufgrund der Vorwürfe und Verdachtsmomente noch immer auf freiem Fuß befindet, also nicht einmal Untersuchungshaft angeordnet wurde, denn die Verdunklungsgefahr ist absolut gegeben. Auch die Dauer des Ermittlungsverfahrens ist mittlerweile kaum noch nachvollziehbar. Aufgrund dieser starken nervlichen Belastung erkenne ich zunächst nicht die dramatischen Veränderungen im Wesen meines Mannes, die kurz nach unserer Heirat begannen.

Ein großer deutscher Konzern verlangt im Frühjahr 2001, nach vergeblicher Beitreibung seiner Forderung, die Abgabe der Eidesstattlichen Versicherung von mir.

Ich nehme u.a. persönlichen Kontakt auf, erläutere die Situation, bitte um Geduld, wieder unter Hinweis auf das laufende Strafverfahren, ich bin unendlich müde.

Ungerührt beantragt der Gläubiger daraufhin Haftbefehl gegen mich, welchen das zuständige Amtsgericht auch prompt erlässt.

Ich lege sofortige Beschwerde ein, ebenfalls wieder unter Hinweis auf das laufende Ermittlungsverfahren.

Das Amtsgericht bestätigt lapidar die bereits ergangene Entscheidung.

Ich suche nach Lösungen.

Die Zeit drängt, da ich nicht vorhersehen kann, wann die Beamten vor der Tür stehen!

Nur eines weiß ich gewiss, mitnehmen und inhaftieren wird mich niemand!

Ich suche auch nach Fluchtmöglichkeiten aus dem Haus, hinaus in den Wald und entschließe mich dann dazu, in der Kirche unserer Gemeinde Zuflucht zu nehmen, wenn es soweit ist…

Das Problem löst sich auf wundersame Art und Weise, warum sollte ich nicht auch einmal vom Glück getroffen sein:

Ich erhalte den ärztlich angeordneten Marschbefehl zum sofortigen Einrücken in die Klinik, habe also einen Fluchtpunkt!

Mit fliegenden Fahnen und auf groteske Art und Weise glücklich, denn die ärztliche Diagnose ist niederschmetternd, finde ich mich im Krankenhaus ein.

Drei Tage später informiert mich mein Mann am Krankenbett über den Versuch, mich zu verhaften.

Angesichts solch tatsächlich angewandter staatlicher Gewalt und Brutalität degradiere ich meine Krebsamputation und die bevorstehende Chemotherapie zu einem grippalen Infekt.

Nun stehe ich unter dem Schutz meiner Erkrankung, meine persönliche Situation stellt sich wenig erfreulich dar:

Mein Mann, während meines Krankenhausaufenthaltes unterstützt von einer Familienpflegerin, erweist sich als völlig unfähig, den Belangen der Großfamilie auch nur annähernd gerecht zu werden. Unsere Kinder leiden unter seinen, durch die neuen Anforderungen verursachten Gewaltausbrüchen, vom Wesen des ehemals sanften, humorvollen und warmherzigen Mann ist nicht mehr viel übrig.

Max flüchtet sich zur mir ins Krankenhaus, er darf sogar bei mir übernachten, mein Sohn Christian ist so krank, dass er mich kaum noch besuchen kann. Er leidet unter massiven Magenschmerzen und Übelkeit.

In rasender Sorge um die Kinder verlasse ich die Klink bereits zehn Tage nach der Operation, die chemotherapeutische Behandlung, die sich über mehrere Monate hinzieht, bekomme ich tagsüber ambulant verabreicht, so kann ich mich am Abend der verletzten, teilweise verstörten Kinderseelen annehmen. Vor allem meine Söhne können die Veränderung ihres Stiefvaters nicht begreifen, hinzu kommt ihre Angst um mich, denn sie wissen sehr genau um die Bedeutung einer Krebserkrankung.

Für mich selbst bleibt keine Gelegenheit, auch kein gedanklicher Raum, über die Krankheit und meine Entstellung nachzudenken, zu tief sitzt noch immer der Schock über das Vorgehen des Staates gegen mich.

Vogelfrei

Es kommt einer Erlösung gleich, als ich im Herbst 2000 Nachricht vom ersten Verhandlungstag gegen H. erhalte. In meiner anfänglichen Euphorie ist es für mich zunächst völlig nebensächlich, dass es sich eben nur um eine Kurzmitteilung, keinesfalls um eine offizielle Zeugenladung handelt.

Doch dann beginne ich, Dunkles zu ahnen, denn die Verhandlung findet lediglich vor dem Amtsgericht statt, der Umfang und die Schwere der angezeigten und bewiesenen Straftaten des H. hätten eine Verhandlung vor dem Landgericht erzwungen.

Am Tage der Verhandlung bleibe ich aus eigenem Dafürhalten wegen möglicher Zeugenstellung der Verhandlung fern und halte mich deshalb vor dem Sitzungssaal auf.

Außer meinem Ehemann nimmt auch mein bester Freund und enger Vertrauter, Hans, im Publikum Platz.

Ebenso ist mein Rechtsanwalt zugegen, seit seinem ersten Kontakt mit H. und seinem Kampf für meine Kinder wurde er fast zu einem väterlichen Freund.

Etwa fünf Minuten nach Prozessbeginn ist die laute Stimme von Hans zu hören, der wütend und konsterniert den Verhandlungssaal verlässt. Er kommt dem Hinauswurf durch den Richter zuvor.

Es bleibt gerade soviel Zeit, dass Hans mir über das Vorgefallene berichten kann, dann wird die Verhandlung geschlossen:

Die Verlesung der Anklageschrift dauerte nur wenige Augenblicke, einzige Anklagepunkte waren ein »bisschen« Steuerhinterziehung, ein »bisschen« Untreue, alle anderen, dokumentierten und mit Zeugen benannten Straftaten wurden nicht einmal ansatzweise erwähnt.

Die bis dahin verantwortliche Staatsanwältin avancierte zwischenzeitlich zur Strafrichterin am Landgericht, die aktuelle Anklage im jetzigen Verfahren vertrat ein Neuling und das offenbar ohne genauere Kenntnis der umfangreichen Akten.

Da H. sich weigerte, über die angeklagten Punkte ein Geständnis abzulegen, Zeugen nicht geladen waren und somit keine Beweisaufnahme stattfinden konnte, wurde das Verfahren auf unbestimmte Zeit vertagt.

Zweiter Verhandlungstag im Herbst 2001, diesmal sind sechzehn Zeugen geladen, darunter auch ich.

Wieder einmal keimt ein schwacher Funken der Hoffnung in mir auf.

Doch die Anklage lautet unverändert, acht Zeugen, einschließlich meiner Person, werden ungehört entlassen, H. erhält ein »bisschen« Bewährungsstrafe, diese hat man hinter verschlossenen Türen ausgehandelt, ein so genannter »Deal«.

Diese, bei Wirtschaftskriminalität durchaus übliche Vorgehensweise zeigt zum einen den geringen Stellenwert solcher Verbrechen auf, zum anderen ersparen sich Staatsanwaltschaft und Richter nochmals jede Menge Arbeit.

Sowohl die Unfähigkeit der Staatsanwaltschaft, als auch die folglich ergangene Entscheidung eines Provinzgerichtes stellen nichts anderes dar, als den Startschuss für die Freigabe der Jagd auf mich. Gegenüber »meinen« Gläubigern bin ich nun nicht nur der Lächerlichkeit, sondern auch der Unglaubwürdigkeit preisgegeben.

Seit diesem Tage, bis zum heutigen, da ich dies niederschreibe, lebe ich in inniger Zweisamkeit mit der Angst vor Zwangsmaßnahmen der hartnäckigen Gläubiger.

Dass diese Angst völlig begründet ist, zeigt sich besonders deutlich im Februar 2007.

In der Post finde ich, nach knapp drei Jahren des Schweigens, die Aufforderung des zuständigen Finanzamtes, die von H. in den Jahren 1994/1995/1996 unterschlagenen und einbehaltenen Steuergelder zurückzuzahlen!

Obwohl H. als faktischer Inhaber »meiner« Firma anerkannt und wegen Hinterziehung eben dieser Gelder verurteilt ist, richtet sich nun die Rückforderung gegen mich!

Geltendes Recht??

Ich werde wieder einmal kämpfen…

H. konnte inzwischen mit allem seinen Frieden machen, selbst die Millionenschulden aus seinem ersten Konkurs sind mittels Privatinsolvenzverfahren in drei Jahren erledigt, seine mtl. Rückzahlungsleistung zu Gunsten der zahllosen Gläubiger beläuft sich auf insgesamt **60 Euro!**

Diesen Weg der Entschuldung kann ich nicht gehen, da mir zum einen die vorab hierfür notwendigen Geldmit-

tel fehlen, zum anderen käme dies einem Schuldeinge-
ständnis/ Schuldeneingeständnis gleich.

So lange ich lebe wird es das nicht geben.

Ein laufendes Verfahren?

Mit dem Gefühl, eigentlich gestorben zu sein, kämpfe ich mich in den, dem Urteil gegen H. folgenden Monaten zurück ins Leben, oder was auch immer man als ein solches bezeichnen mag.

War es früher mein Lebensgefährte und jetziger Ehemann S., der mir mit seinem unerschütterlichen Optimismus und seiner sanften Ruhe über viele Hürden geholfen hatte, so ist er es jetzt, der mich von Tag zu Tag mehr belastet, den Kindern und mir in steigendem Maße zusetzt.

Er wird von Tag zu Tag aggressiver, verliert zunehmend die Fähigkeit, sein Tagewerk zu strukturieren, dies gilt auch für seinen Arbeitsplatz, den er dann, nach zahlreichen Ermahnungen und Abmahnungen im November 2001 verliert.

Seine aggressiven, cholerischen Phasen wechseln sich ab mit depressivem Verhalten, er verschwindet dann für Stunden, Tage und Nächte in seinem Büro und belastet unser Haushaltskonto durch unmäßigen Konsum mit Ersteigerungsaktionen im Internet. Die Boten der verschiedensten Paketdienste geben sich die Klinke in die Hand.

Diesen Kaufwahn und seine generelle Computersucht erklärt er gegenüber Dritten tatsächlich als »Arbeiten am PC«, was auch immer das heißen soll.

Ich nehme den Kampf um diesen Mann und um unsere Ehe auf, doch die Atmosphäre des Hasses, unter der vor allem Christian leidet, wird immer stärker. Er, der in besonderer Art und Weise an mir hängt, ist das bevorzugte Opfer meines Mannes. Darüber hinaus wird es immer häufiger notwendig, unseren Hund von Angriffen auf meinen Mann abzuhalten.

Es ist unschwer zu erkennen, dass mein Mann zunehmend an einer massiven Depression leidet, deshalb lasse ich nichts unversucht, ihn zu einer fachärztlichen Behandlung zu bewegen. Doch die einzige Wirkung, die ich damit erziele, sind Wutanfälle, wüste Beschimpfungen und die Verstärkung des Terrors.

Selbst der zu Rate gezogene Hausarzt scheitert.

Im Mai 2004, die Zustände sind unerträglich geworden, werfe ich in Bezug auf meinen Mann und meine Ehe das Handtuch.

Ich bewerbe mich um eine Halbtagsstelle in meinem Wunschberuf, an meinem Wunschort, offizielle Begründung gegenüber S. ist die Version, die Haushaltskasse aufbessern zu wollen, inoffiziell bereite ich den Absprung vor.

Bereits meine erste Bewerbung ist erfolgreich, ich werde eingestellt und das trotz meines mittlerweile vorgerückten Alters, trotz Mutterdaseins für fünf Minderjährige und trotz meiner Behinderung.

Ich empfinde große Dankbarkeit, der Arbeitsbeginn im August 2004 ist ein Wendepunkt in meinem Leben.

Meine Wohnungssuche, die ich bislang aus Angst vor unkontrollierten Reaktionen meines Mannes heimlich betrieben hatte, gestaltet sich zunehmend schwierig, denn erschwerend kommt hinzu, dass sich meine Söhne standhaft weigern, aus ihrem lieb gewonnenen Dorf wegzuziehen. So ist mein Aktionsradius in Sachen Mietobjekt nur sehr klein.

Folglich, der Not gehorchend, lege ich gegenüber meinem Mann die Karten auf den Tisch, erkläre meine Trennungsabsicht.

S. reagiert überraschend ruhig, von diesem Moment an, so seltsam es klingen mag, kehrt relative Ruhe ein. Unerklärlich bleibt allerdings, dass die Aggressionen unseres Hundes eher noch zunehmen.

Dann kommt der 17. August, noch immer habe ich keine Bleibe für uns gefunden. Nach meinem Dienst am Vormittag suche ich im Garten gegen 13.00 Uhr einige Sachen zusammen, dies im Hinblick auf den in jedem Falle anstehenden Auszug.

Mein Mann verlässt, an diesem Tag unaufgefordert, das Haus, um seinen Sohn von der Dorfschule, meine Zwillingssöhne vom Bahnhof abzuholen.

Es ist Dienstag, der Tag, an welchem immer die geleerte große Mülltonne vom Sammelplatz unten im Dorf zum Haus hinaufgezogen wird. Dies ist jedes Mal ein Spaß für die Kinder, denn derjenige, der ziehen darf, sitzt auf der Ladefläche unseres Familienbusses und wird im Schritttempo zum Haus kutschiert. Der einzige, der daran nie Spaß hatte, ist Christian, er ekelt sich vor der Tonne.

Gerade befinde ich mich auf dem Weg vom Garten zurück ins Haus, als ich ein dumpfes Donnern höre, dann, ungewöhnlich laut, den Motor unseres Autos. Rasch laufe ich zum Gartenzaun, welcher sich hoch oberhalb

der Zufahrtsstraße befindet. Der Wagen ist noch nicht
zu sehen, aber ich höre die verzweifelten Schreie eines
Kindes, das Donnern ist das Poltern der Mülltonne.

Wie erstarrt sehe ich nun den heranrauschenden Wagen, werde Augen –und Ohrenzeuge, wie der Wagen
nochmals beschleunigt, unmittelbar vor einer durch ein
Warnschild angezeigten Bodenwelle. Wieder gellende
Schreie, ich erkenne Christian, der, fast von der Ladefläche gerutscht, um Anhalten fleht.

Ich renne, völlig außer mir, zum Einfahrtstor, laufe
die Auffahrt hinunter und nehme Christian, der sich
vor Entsetzen kaum auf den Beinen halten kann, in die
Arme, sein Zwillingsbruder ist blass und still, sieht mich
hilflos und fragend an.

Mein Mann parkt den Wagen ein, sein Gesicht gleicht
einer Maske.

Zunächst setze ich Prioritäten: »Raus und weg!«

Nachdem ich meine Söhne beruhigt habe, wende ich
mich telefonisch an unseren Bürgermeister, er kann mir
tatsächlich helfen und gibt mir eine Adresse, unter der
wahrscheinlich ein kleines Haus zu vermieten ist. Es
ist wirklich so, die Tatsache, dass die Hausbesitzer mit
einer, nun allein erziehenden Mutter mit drei Söhnen
samt einem großen, fusseligen Hund einen Mietvertrag
schließen, erfüllt mich bis heute ebenfalls mit großer
Dankbarkeit.

Der Umzug beginnt unverzüglich, zwei Wochen später
sind grundsätzlich Ruhe und Frieden eingekehrt, doch
der 17. August brennt in meiner Seele, die Abscheu über
diese Tat ist grenzenlos.

Behutsam befrage ich meine Söhne zu diesem Vorfall, das, was sie berichten und von dem ich bislang noch keine Kenntnis hatte, zeigt eine geplante und gezielte Tat auf.

Zunächst spreche ich mit einem Unfallsachverständigen, dieser kommt aufgrund der Gesamtumstände zu dem Schluss, dass mein Sohn bei einem Absturz aus dem Wagen schwerste, evtl. tödliche Kopfverletzungen davongetragen hätte.

Nun spreche ich mit der zuständigen Staatsanwaltschaft, dort sieht man allenfalls einen »Gefährlichen Eingriff in den Straßenverkehr!«

Es erstaunt mich, dass ich, trotz allem bisher mit der Justiz Erlebten, wieder einmal um meine Fassung ringen muss.

Als mir meine Söhne signalisieren, Probleme mit einer Aussage gegen ihren ehemaligen und damals durchaus geliebten Stiefvater zu haben, akzeptiere ich dies bedingungslos, versuche den 17. August auszubuchen.

Dies gelingt mir einigermaßen bis zum Spätsommer des Jahres 2006. Bei einem Spaziergang mit unserem Hund treffe ich einige Kinder und Jugendliche aus dem Dorf, die ich vom Sehen kenne. Wir kommen ins Gespräch, sie spielen mit dem Hund und stellen dabei fest, dass es ihm ja nun wieder gut gehen würde. Auf erstaunte Nachfrage von mir berichten sie mir von Misshandlungen des Tieres durch meinen Ehemann, die sie in den Jahren 2003/2004 beobachtet haben.

Und da ist er wieder, der 17. August 2004!

Das bislang rätselhafte Verhalten des Tieres ist geklärt, ich gebe dieses Wissen an meine Kinder weiter, die immer wieder nach einer Erklärung für das Verhalten des Hundes gesucht hatten.

Die Zwillinge, inzwischen älter und reifer geworden, geben mir nun klar und deutlich zu verstehen, dass sie mit einer Aussage gegen ihren ehemaligen Stiefvater keinerlei Probleme mehr haben.

Ende Oktober erstatte ich bei der zuständigen Polizeidienststelle Anzeige, im Januar 2007 werden meine Söhne getrennt in dieser Sache vernommen:

Hier nun Auszüge aus ihren Vernehmungsprotokollen, zunächst mein Sohn Christian:

… »Ich kann mich noch an besagten Vorfall erinnern.

An jenem Tag holte uns unser Stiefvater nach der Schule vom Bahnhof ab.

Wir fuhren bis zur Mülltonne, die schätzungsweise 250 Meter von unserem Haus zum Abholen bereit stand«.

…« Ich hasste die Mülltonne, weil sie immer sehr schmutzig war und stank, dies wusste S.

An besagtem Tag holte S. mich und meinen Zwillingsbruder und unseren Stiefbruder von der Grundschule ab.

An der Mülltonne angekommen, wollte zunächst mein Stiefbruder die Mülltonne hinter dem Auto hochziehen. Mein Stiefbruder und mein Bruder taten das immer freiwillig.

An jenem Tag bestand S. darauf, dass ich die Mülltonne hinter dem Auto zog,….

... »er fuhr absichtlich wesentlich schneller als sonst...«

Auf Frage:«Nein, gelacht hat er dabei nicht, er hat eigentlich gar nicht mit mir geredet. Da er so schnell fuhr, konnte ich die Mülltonne nur noch mit einer Hand fest halten, da ich mich mit der rechten Hand im Auto, am Hundegitter, festklammern musste.

Während der Fahrt rutschte ich immer weiter nach draußen, so dass meine Füße sogar auf dem Boden, hinter dem Auto herschleiften.

Da ich Angst vor Ärger mit S. hatte, traute ich mich nicht die Mülltonne loszulassen. Mein Bruder forderte S. auf, langsamer zu fahren.

Er wurde jedoch absichtlich immer schneller.«

Vernehmung des Bruders:

»Bereits auf dem Weg vom Bahnhof nach Hause war S. ziemlich nervös.

Er redete an diesem Tag fast nichts mit uns.

...S. sagte jedoch, dass Christian diese Aufgabe übernehmen soll, obwohl er wusste, dass er sich furchtbar vor der Mülltonne ekelte.

Christian setzte sich also bei geöffneter Heckklappe auf die Ladefläche unseres Vans, während S. anfuhr...

Er wurde jedoch dann immer schneller. Unterwegs rief mein Bruder, dass er gleich aus dem Auto herausfallen würde. Trotzdem beschleunigte S. das Auto immer weiter, (...), es hätte nicht viel gefehlt und mein Bruder wäre aus dem Auto gefallen.

(...)Christian schrie bereits vor einer Mulde...., dass S. langsamer fahren soll..., er schaute zwar kurz nach ihm, gab aber dann noch mehr Gas.

S. hat während der Fahrt nicht geredet«.

Auf Frage: *»Ob S. unseren Hund geprügelt oder getreten hat, habe ich nicht gesehen. Unser Hund benahm sich S. gegenüber jedoch aggressiv und knurrte ihn an...«.*

Was bleibt: Für mich und all die anderen Menschen, die Kenntnis von dieser Tat haben, eine zumindest versuchte schwere Körperverletzung, wenn nicht sogar ein versuchtes Tötungsdelikt, doch wahrscheinlich gerät das Ganze wieder zu einem Sieg des Bösen...

Und so ist es auch:

Einstellungsbescheid durch die Staatanwaltschaft im Februar 2007.

Diesmal, man höre und staune, erkennt man sogar auf vorsätzliche, bzw. auf fahrlässige Körperverletzung. Korrekterweise, und daran lässt sich sehr schön die schlampige Arbeitsweise der ermittelnden Behörde erkennen, hätte der Staatsanwalt schreiben müssen:

»Wegen des Verdachts der **versuchten** Körperverletzung...«, doch völlig egal, in jedem Falle handelt es sich in den Augen der Staatsanwaltschaft lediglich um ein Delikt, welches nur innerhalb von drei Monaten nach der Tat und nur auf Antrag verfolgt werden kann.

Gewalt gegen Kinder und das Einschreiten dagegen scheinen in diesem Staat nicht nur Stiefkinder von teilweise unfähigen Jugendämtern, sondern entsetzlicherweise auch Stiefkinder der Justiz zu sein.

Auch diese Behauptung kann ich über das folgende und erneute Leid meiner Kinder untermauern.

Noch eine kurze Bemerkung zum Thema »Jugend-
ämter«:

Anfang des Jahres 2007, unsere finanzielle Situation
wird durch das Heranwachsen meiner Söhne und die
ständig steigenden Allgemeinkosten von Monat zu Monat enger, scheint es, dass die staatlich subventionierte
Ausgrenzungspolitik des H. nach langen Jahren des
Kampfes greift.

Also wende ich mich als letzte Möglichkeit an das zu-
ständige Jugendamt mit der Bitte, dieses möge in einer
Art Vermittlerrolle Kontakt zum unterhaltspflichtigen
Vater aufnehmen.

Nach kurzer Schilderung des Sachverhaltes, vor allem
weise ich auf die Unmöglichkeit des juristischen Weges
hin, teilt mir die zuständige Sachbearbeiterin mit, das
man zwar grundsätzlich in einer solchen Angelegenheit zuständig sei, aber kein Rechtsanspruch darauf be-
stehe.

Weiterhin teilt sie mir mit, ich zitiere wörtlich: »...aber
diese Sache ist eine Nummer zu groß für uns und außer-
dem bin ich kein Familientherapeut. Nehmen Sie sich in
dieser Angelegenheit einen Rechtsanwalt!«

Sie wünscht mir noch viel Erfolg, es knackt in der
Leitung, das Gespräch wird einseitig beendet.

Der Preis für eine Kinderseele

Das Leben verläuft ruhig und friedlich, meine Söhne und ich genießen täglich unseren Befreiungsschlag, mein Mann S. hatte sich einige Monate nach unserem Auszug mit seinen Kindern in seine Heimatstadt abgesetzt.

Trotz ihres schweren Schicksals sind meine Jungs »pflegeleicht« und unauffällig, normale Kinder, die mir, abgesehen von alltäglichen und durchaus normalen Problemen, viel Freude bereiten.

Entgegen der heute üblichen Gepflogenheit vieler Kinder und Jugendlicher, die Freizeit vor diversen Bildschirmen zu verbringen, ziehen meine Zwillingssöhne das Spielen in Wald und Wiese oder im Dorf vor.

Doch was ich als erfreulich erachte, ist einigen Dorfbewohnern ein Dorn im Auge, das Lachen und Spielen der Kinder allgemein wird als Ruhestörung empfunden, oft werden meine Söhne und ihre Spielkameraden weggejagt, bedroht, beschimpft und sogar körperlich angegangen.

Umso mehr freue ich mich, als meine Jungs zu Beginn der Sommerferien 2005 von einem Mann berichten, der sie und andere Kinder vor den Anfeindungen der Dorfbewohner schützt und sie vor seinem Haus nach Herzenslust spielen lässt; sie empfinden ihn im Laufe der nächsten Wochen wohl als eine Art väterlichen Freund, eine Erfahrung, die für meine Beiden sehr wichtig ist.

Die Kontakte häufen sich, es kommt zu einer Einladung am Abend mit Grillfest und gemeinsamem Zelten im Garten eines Nachbarjungen.

Spätestens jetzt halte ich es für geboten, diesen Mann, B. genannt, kennen zu lernen, ich möchte ihm einfach für seine Kinderfreundlichkeit und die Zeit, die er den Kindern schenkt, danken.

Am nächsten Tag führt mich der Abendspaziergang mit unserem Hund zum Haus des B. Ich treffe ihn am Gartentor an und stelle mich ihm vor.

Doch nach wenigen Augenblicken der Unterhaltung gefriert mir das Blut in den Adern!

Ich spreche mit einem Mann, dessen »Neigungen« auf seine Stirn geschrieben scheinen.

Schwer angetrunken, lässt er sich mir gegenüber in widerlicher Art und Weise über seine »Liebe« zu Kindern aus, so schnell ich kann, breche ich das Gespräch ab.

Auf dem Nachhauseweg schelte ich mich dann aber doch selbst, überreizt zu sein, Vorurteile zu haben und zwinge mich zur Ruhe, wieder einmal lasse ich mein Bauchgefühl nicht zu.

Am nächsten Tag hole ich bei täglichen Besorgungen auch fertig entwickelte Fotos ab, Bilder, die mein Sohn Christian geschossen hat, einige Bilder entstanden im Hause des B., offensichtlich instinktiv gefertigt!

Für mich steht nur noch eine Frage im Raum: Wann endet das Leid meiner Kinder!!

Am Abend, betont gelassen, richte ich an die Zwillinge folgende Frage: »Wenn ihr bei B. seid, gibt es da auch 'mal Dinge, die euch nicht so gefallen?«

Wie erlöst beginnen sie zu berichten über verschiedene Vorfälle, sie schildern ihre Not, sich diesem Mann nicht

entziehen gekonnt zu haben, sie schildern ihren Ekel vor
ihm, am größten war die Verzweiflung bei meinem Sohn
David, der sich einen Speer gebastelt hatte: »Mama, hätte
der mich noch einmal angefasst, ich hätte ihm den Speer
in den Bauch gerammt…«

In der gleichen Nacht erleide ich eine Art Zusammen-
bruch. Ich werde von kaum beherrschbaren Wein-
krämpfen erfasst, als mir klar wird, dass David in seiner seelischen Qual, Scham und Hilflosigkeit bereit
gewesen wäre, einen Menschen unter Umständen zu
töten.

Meine Strafanzeige zieht ein Ermittlungsverfahren nach
sich, um über den Fortgang auf dem Laufenden bleiben
zu können, muss ich einen Anwalt beauftragen.

Beide Jungs, sowie ein ebenfalls betroffener Nachbar-
junge, werden intensiv und unabhängig voneinander
polizeilich vernommen.
   In ihrem Abschlussbericht zur Staatsanwaltschaft be-
scheinigen die Polizeibeamten die absolute Glaubwür-
digkeit der Kinder.

Zwischenzeitlich bringe ich über diesen Mann Dinge in
Erfahrung, die ihn als tickende Zeitbombe ausweisen,
z.B. sexuelle Belästigung eines kleinen Mädchens in Ausübung seines Berufes, Beobachtung einer Kollegin von
mir. Sie brachte diese Sache damals nicht zur Anzeige:
»Die hätten doch sowieso nichts gemacht…«
   Ihre klare Einschätzung der durchaus üblichen juris-

tischen Vorgehensweisen überrascht mich nicht wirklich.

Nahezu jeder der Menschen in unserem Umfeld, denen ich über das Vorgefallene berichte, kommt aus eigenem Schluss auf die Person des B., zu auffällig sind sein Benehmen und Verhalten, ich gebe meine Erkenntnisse zu den Akten.

Inzwischen hat das neue Schuljahr begonnen, David, Schüler an einem humanistischen Gymnasium, erleidet einen massiven Leistungseinbruch.

Ich stelle ihn einer Jugendpsychologin, anschließend einem Jugendpsychiater vor.

Ergebnis der umfangreichen Diagnostik:

Dieser Junge ist weit überdurchschnittlich begabt und absolut gymnasialfähig. Solche Erkenntnis ist nicht neu für mich, denn David wurde bereits mit vier Jahren für schulfähig befunden und auf seinen dringenden Wunsch mit fünf Jahren eingeschult.

Seelisch aber geht es meinem Sohn schlecht, es ist keine Konzentrationsfähigkeit vorhanden.

Als er den weiteren Besuch seiner Schule aus Versagensangst verweigert, lasse ich ihn, gleichsam zum Luftholen, an eine Realschule wechseln. Dort kommt er zur Ruhe und erwartet, gemeinsam mit seinem Bruder die Bestrafung des B.

Dieser hatte versucht, während des laufenden Verfahrens gegen ihn, meinen Sohn Christian zunächst ins Haus zu locken, dann, nachdem mein Sohn sich widersetzte, ihn ins Haus zu drücken. Auch dies meldete ich zu den Akten, Christian wurde zu diesem neuerlichen Vorfall wiederum polizeilich vernommen.

Das Strafverfahren gegen B. wird im Februar 2006 gegen Zahlung einer Geldauflage von 1000.- Euro eingestellt, d.h. ein dringend notwendiges Berufsverbot kann nicht ausgesprochen werden, eine Klage auf Schmerzensgeld für meinen traumatisierten Sohn ist praktisch unmöglich, ebenso ein Schadensersatz für die mir entstandenen Kosten.

Kein Zivilgericht würde einer Klage auf Wiedergutmachung/Entschädigung stattgeben, wenn der Verursacher vorab nicht bestraft wurde.

Die an Zynismus nicht zu übertreffende und kategorische Anmerkung bei einem Einstellungsbescheid »… *etwaige zivilrechtliche Ansprüche werden von dieser Entscheidung nicht berührt…*« ist nichts anderes als eine schallende Ohrfeige in das Gesicht eines Opfers!

Einzige, wütende Frage meines Kindes: »Mama, warum wird so ein Mann in unserem Land nicht bestraft?«

Gerne hätte ich ihm eine Antwort gegeben, die staatliche Entscheidung stellt ein erneutes Trauma für ihn dar.

Die fast täglichen Begegnungen mit diesem unbestraft gebliebenen Mann, der nur einen Steinwurf von uns entfernt lebt, lässt die seelischen Wunden der Kinder bis heute nicht wirklich heilen. Ebenso bedarf es immer wieder intensiver Gespräche, um meinen Sohn Max, noch immer in seiner Beschützerrolle als großer Bruder verhaftet, von Selbstjustiz abzuhalten.

Nach Erhalt des Einstellungsbescheides wende ich mich an den zuständigen Leitenden Oberstaatsanwalt, bringe meine Fassungslosigkeit über diese Entscheidung zum Ausdruck und bitte um Überprüfung.

Als Antwort erhalte ich ein lapidares Schreiben, man informiert mich, dass alle ergangenen Entscheidungen rechtens seien, man spricht von der *Beseitigung des öffentlichen Interesses* durch die Zahlung von 1000.- Euro etc.

Meine weitere schriftliche Gegenwehr oder lassen Sie mich es »Duell« mit dem Oberstaatsanwalt nennen, wird kurz und knapp durch einen seiner Sekundanten beendet.

1000.- Euro, das ist in diesem Staat anscheinend der Preis für eine verletzte Kinderseele und die damit verbundenen, nicht absehbaren Folgen, auch in der Rechtsprechung arbeitet man wohl inzwischen auf dem preislichen Niveau von Discount-Märkten.

Nachwort

Es waren, sind und bleiben meine Kinder, aber auch all die Menschen, die mir nahe stehen, die mich motivieren, weiterzuleben und weiterzukämpfen.

Denn dass mein Leben ein einziger Kampf bleiben wird, dafür werden H. und seine staatlich durchorganisierten Mitstreiter weiterhin sorgen.

So bleibt für mich nur die Hoffnung, dass meine Söhne, ohne größeren Schaden genommen zu haben, ihren Weg gehen können, dass ich sie, solange sie mich brauchen, begleiten darf.

Reaktionen

Zum Zwecke der Meinungsforschung und um nicht als betriebsblind zu gelten, streute ich mein Manuskript mit seiner Fertigstellung zunächst unter Teile der Bevölkerung, später auch an einige offizielle Stellen in Berlin.

Ich denke, dass mir die Streuung im Volk durchaus repräsentativ gelang, denn ich erhielt Rückmeldungen angefangen von einer Professorin für Politikwissenschaften bis hin zum arbeitslosen Staplerfahrer, Vater von fünf Kindern.

Einstimmiges Fazit: Fassungslosigkeit, Entsetzen, Wut, Tränen beim Lesen, aber auch Ungläubigkeit. Dies äußerte einer meiner Leser so: »Das alles kann in dieser Art nicht wahr sein, sonst könnten Sie nicht hier vor mir stehen, so etwas kann kein Mensch durchhalten, entweder läge er schon längst auf dem Friedhof, zumindest aber in der Psychatrie…«

Nun zu einigen Reaktionen aus Berlin, diese entsprechen absolut und genau meinen vorab erwähnten und vertretenen Thesen über staatliche und juristische Vorgehensweise:

Frau von der Leyen ließ sich flugs für nicht zuständig erklären und übergab den »Schwarzen Peter«, mein Manuskript, dem Justizministerium.

Von dort erreichte mich ein fünfseitiges Anschreiben, welches ich als einen rührenden und hilflosen Erguss bezeichnen möchte. Es ist aber auch der Versuch, viel Dreck mittels heißer Luft unter den Teppich zu kehren.

Der zuständige Referent äußerte sich ausschließlich zur Lage des geltenden Unterhaltsrechts und dessen Handhabung, u.a. heißt es wörtlich: »...*auch ein Selbstständiger kann bei dauernder schlechter Finanzlage seines Unternehmens gehalten sein, sich in ein Angestelltenverhältnis mit besseren Verdienstmöglichkeiten zu begeben. Kommt der Unterhaltspflichtige dieser verschärften Erwerbsobliegenheit nicht nach, muss er sich so behandeln lassen, als ob er ein Einkommen entsprechend seinen Fähigkeiten und seinen Erwerbsmöglichkeiten hätte. Es ist daher nicht so, dass sich der Unterhaltspflichtige durch Aussagen wie `ich verdiene nicht genug` ohne weiteres seiner Unterhaltsverpflichtung entziehen kann. Erfahrungsgemäß gehen die Gerichte bei der Beurteilung dieser Frage sehr streng vor...*«

Diese Zeilen, besonders aber der letzte Satz bewirkte bei einigen Rechtsanwälten Heiterkeitsausbrüche, wenn auch die der bitteren Sorte, ihr Fazit:

»Man sieht wieder einmal mehr, dass das, was in Berlin verzapft und zu Papier gebracht wird, nichts mit der Realität im Land zu tun hat....«

Ganz besonders aber freute ich mich über die erbetene Antwort aus dem Bundespräsidialamt. Auch dorthin hatte ich meinen Buchentwurf gesandt, da ich der Meinung war und bin, dass ein Staatsoberhaupt Kenntnis von den tatsächlichen Geschehnissen in seinem Land haben sollte.

Diese einfühlsame und kompetente Rückmeldung
möchte ich dem Leser zum Schluss nicht vorenthalten:

Sehr geehrte Frau …

*Im Auftrag von Bundespräsident Horst Köhler bestätige ich
Ihnen gerne den Eingang Ihres Schreibens vom …, mit dem
Sie ein Manuskript Ihres beabsichtigten Buches übersandt
haben.*

Mit freundlichen Grüßen
Im Auftrag